KB126336

타고난 천재
교육된 천재

The Insanely Great Story ;
Intelligence, Education, Assessment

최창욱 l 유민종 지음

우리의 상식을 뒤엎은
천재의 비밀

Innovative Thinking for Education
LEARNING&CO

유전론을 주장하는 학자들은 부모에게서 물려받은 유전자만큼만 자녀가 성장할 수 있다고 주장한다. 우생학자들은 유전자의 우열을 기준으로 인간의 계급을 나누어야 한다고 생각했다.

자녀를 키우는 많은 부모들이 아이의 잠재력에 차츰 의구심을 갖게 되고, 한계를 느껴 낙심하고 포기하는 경우도 많이 보아 왔다.

하지만 우리 아이들의 능력은 타고난 유전자로 결정되는 것이 아니다. 아이의 능력과 가치는 오히려 노력과 의지, 그리고 교육 환경에 의해 결정된다. 그런데도 유전자의 그늘에서 벗어나지 못하는 수많은 부모님들을 교육 현장에서 만나면 안타까운 마음을 금할 수가 없다.

골프, 축구, 야구, 권투, 수영, 육상, 아이스하키 등의 모든 스포츠 분야에서, '전 세계 역사상 가장 뛰어난 스포츠 선수는 누구인가 (The Greatest Athlete of All Time)'라는 조사에서 대부분 1위로 꼽히는 선수는 마이클 조던이다. 농구의 신으로 칭송 받고, 전 세계 스포츠 선수를 통틀어 가장 큰 돈을 번 마이클 조던은 고등학교 2학년 때까지는 학교 대표로도 선발되지 못한 이력을 갖고 있다. 하늘을 걷던 에어 워크Air Walk의 조던은 타고난 천재가 아닌 노력으로 완성된 천재였던 것이다.

우리 자녀들은 유전자와 상관없이 누구나 마이클 조던과 같은 천재가 될 수 있다. '노력하는 사람을 이기는 천재는 없다'라는 말이 있다. 이것은 틀린 말이다. 애초에 게으른 천재는 없기 때문이다. 천재는 하늘에서 뚝 떨어지거나 신화에나 나오는 특별한 존재가 아니라, 지속적인 훈련과 엄청난 노력을 통해 성장해 가는 존재이다.

아이에게 가장 큰 영향을 미치는 교육 기관은 가정이다. 모든 부모가 자신의 아이가 천재가 되길 바라지만 막상 아이를 천재로 키우기 위해 계획하고 행동하는 부모는 많지 않다. 천재는 타고 난다고 믿는 부모들이 많기 때문인지도 모른다. 내 아이의 잠재력을 발견하지 못한 채 말이다.

이 책에서는 천재를 규정하는 자질들 – 즉 창의적 사고력, 정교한 인지력, 뛰어난 지능 지수, 특별한 교육 등 여러 주제에 대해 다룰 것이다.

자녀에 대해 흔들리던 많은 부모들이 이 책을 통해 자신의 역할을 깨닫고, 내 아이가 가진 잠재력을 믿고 인류가 당면한 문제를 해결할 수 있는 천재를 키워 내기 위해 함께 움직이길 소망한다.

'세상을 바꿀 수 있다고 생각할 정도로 미친 사람들이 결국 세상을 바꾸는 사람들이다 (The people who are crazy enough to think they can change the world are the ones who do.)' 라며 미친 듯이 노력한 어떤 천재의 메시지처럼 말이다.

2020년 10월

CONTENTS

2부

누구나
천재가 될 수 있다.

3부

지능 지수
높일 수 있나?

타고난 천재 교육된 천재 _____

The Insanely Great Story ;
Intelligence, Education, Assessment

1부

누가
천재인가?

Part 1
천재 이야기

위대한 천재들

'타고난 천재'의 대명사. 교향곡, 협주곡, 독주곡, 오페라, 성악곡 등 다양한 장르를 넘나들며 수많은 명곡을 남기고 35세라는 짧은 생애를 마친 천재 음악가 요한 볼프강 아마데우스 모차르트(1756~1791). 그의 천재성은 영화 '아마데우스'를 통해 사람들에게 각인되었다. 감히 뛰어넘을 수 없는 재능을 타고난 천재 음악가 모차르트와 온갖 노력에도 불구하고 자신의 한계를 극복하지 못하며 괴로워하던 살리에리의 모습이 극적으로 대비되는 이 영화를 보며 사람들은 어떤 생각을 했을까?

볼프강 아마데우스 모차르트
(Wolfgang Amadeus Mozart 1756년~1791년)

각주 |
살리에리(Salieri, Antonio) 이탈리아의 작곡가(1750~1825). 16세 때에 궁정 작곡
가가 되어 많은 오페라를 작곡하였다. 모차르트를 질투로 독살하였다는 전설은 여
러 오페라와 문학의 제재(題材)가 되었다.

모차르트가 그의 대표작, 교향곡 25번을 작곡한 나이가 17세였다니 그저 놀라울 뿐이다. 그러면 모차르트의 이전 작품들은 어땠을까? 그가 11세부터 16세까지 작곡한 초기 일곱 개의 피아노 콘체르토 작품들을 보면 '이것이 정말 천재 작곡가 모차르트의 작품인가?'라는 의구심이 들 정도로 평범하기 그지없다.

서너 살 때부터 연주와 작곡을 시작해 천재 음악가로 추앙받던 모차르트. 그러나 그 뒤에는 〈바이올린 연주 기본 원론〉*Versuch einergr undlichen Violinschule이란 바이올린 교수 책을 출판하여 명망을 얻고 있던 음악 교사 아버지의 헌신적인 교육이 있었다는 사실에 주목해야 한다. 모차르트의 아버지는 아들의 성공을 위해 음악가로서의 자신의 삶과 커리어를 희생했던 것이다.

이러한 아버지의 희생과 헌신을 바탕으로 끊임없이 노력했던 모차르트는 아버지 레오폴트 모차르트에게 보낸 편지에서 이렇게 말하고 있다. '아버지, 사람들은 나의 작품들이 쉽게 흘러 나온다고 크게 착각합니다. 그러나 누구도 작곡을 위해 나만큼 많이 생각하고, 오랜 시간을 들이며 노력하지 않을 겁니다.'

각주 |
바이올린 연주 기본 원론
요한 게오르크 레오폴트 모차르트(Johann Georg Leopold Mozart)가 1756년에 편찬한 유럽 최초의 바이올린 교습서

"우리 모두는 우리 안에 천재가 있다.

그 사실을 의심하지 마라."

- 캐서린 풀시퍼

"We all have genius within us, never doubt that fact."

- Catherine Pulsifer

1. 게르니카로 바라본 예술 천재, 피카소

입체파 창시자, 20세기 최고 거장, 혁명적 화가, 미술사 흐름을 바꾼 천재, 전 세계 문학가와 철학가들이 가장 사랑하는 예술가. 파블로 피카소Pablo Ruiz Picasso, 1881-1973를 향한 이와 같은 찬란한 수식어도 그의 천재적 예술성을 표현하기 위해 부족해 보인다. 피카소는 인물의 옆모습과 앞모습을 같은 평면에 그려 넣거나 팔다리를 길게 늘여 추상화함으로써 르네상스 이후 약 500여 년 간 서양 미술을 지배해 왔던 '보이는 것을 실감나게 그린다'는 원칙을 깬 가장 창의적인 천재 화가이기 때문이다.

파블로 피카소(Pablo Ruiz Picasso)

사방 1m가 되는 피카소의 작품은 보통 약 1,000억 원의 가치를 갖는다. 실제로 피카소의 작품 중 하나인 〈알제의 여인들〉은 2015년 5월 크리스티 뉴욕 경매에서 1,968억 원에 낙찰되었다. 그의 작품들을 모두 합하면 수십 조 원이 넘을 만큼 피카소는 21C 현재 가장 높이 평가 받는 예술가이다.

<알제의 여인들>　　　　출처 en.wikipedia.org

　　피카소와 같은 천재 예술가들의 '창의'는 신성시되고 신비스럽다는 믿음이 존재한다. 과학에서의 '창의'는 이를 판단할 수 있는 객관적 기준이 존재하지만 예술에서의 '창의'는 그 기준이 매우 주관적이며 이성보다는 감성에 호소하기 때문이다. 그래서 예술의 '창의'는 과학처럼 분석할 수 없다고 생각한다.

창의적인 예술 작품은 정말 그 과정을 알 수 없는, 단지 작가의 타고난 재능이 빚어내는 신비의 결정체일까? 지금부터 〈아비뇽의 처녀들〉과 함께 피카소의 대표작 중 하나이자 스페인 국토와도 바꿀 수 없다고 평가 받는 위대한 작품 〈게르니카Guernica〉를 통해 예술의 '창의'가 탄생하는 과정을 따라가 보기로 하자.

〈게르니카〉는 우리 시대의 가장 위대한 반전(反戰) 기록 중 하나이며 입체파 전통의 기법과 초현실주의적 기법이 결합된 창의적인 작품이라는 평가를 받고 있다. 크기는 349×775cm로 현재 스페인의 레이나 소피아 국립 미술 센터가 소장하고 있다.

<게르니카, 피카소, 1937>

1937년 초, 스페인 정부는 피카소에게 그 해 6월 파리에서 열릴 국제 전시회(세계 박람회)의 스페인관에 전시할

작품을 요청한다. 스페인의 정치적 상황과는 무관한 요청이었다. 그런데 스페인 내란 중 스페인의 파시스트 반군을 지원하는 나치Nazi가 스페인 북부 바스크 지방의 '게르니카'라는 작은 마을을 비행기로 폭격해 7,000명의 주민 중 1,600여 명이 사망하는 비극적인 사건이 일어난다. 이 사건을 접한 피카소는 스페인의 파시스트 반군을 비판하는 그림을 그렸고, 이것이 바로 그 유명한 작품 〈게르니카〉인 것이다.

폭격에 대한 기사를 접한 후, 5월 1일에 시작된 피카소의 〈게르니카〉는 단 6주 만에 완성되었다. 나치가 '게르니카'에 퍼붓는 폭격 장면을 묘사한 이 그림은 육체에서 떨어져 나온 공포 서린 눈, 울부짖는 여인과 그 여인을 짓밟고 있는 말, 숨겨진 해골 등을 소재로 전쟁의 잔학한 참상에 대한 추상화된 상징을 담아내고 있다.

〈게르니카〉라는 이 작품은 어떠한 과정을 거쳐 만들어진 것일까? 과연 〈게르니카〉는 우리가 알지 못하는 특별하고 신비한 사고 과정을 거쳐 탄생한 것일까?

먼저 〈게르니카〉를 작업하며 피카소가 그렸던 예비 스케치들을 살펴보기로 하자. 피카소는 〈게르니카〉를 완성하기까지 총 45장의 예비 스케치를 그렸는데 이들 스케치의 변화 과정은 〈게르니카〉가 제작된 과정을 알아낼 수 있는 중요한 단서를 제공한다.

피카소는 〈게르니카〉를 시작하고 약 한 달 동안 (5월 1일부터 6월 4일까지) 작품을 위한 예비 스케치에 집중했다. 첫 번째 기간인 첫 이틀 작업 (5월 1일~2일)은 주로 전체적인 그림의 구성 (6)과 핵심 캐릭터인 말 (5)에 집중되어 있었다. 두 번째 기간 (5월 8일~13일)에는 말을 포함한 주요 캐릭터의 습작에 초점이 맞추어진다. 마지막 기간 (5월 20일~6월 4일)의 스케치들은 거의 주변적인 캐릭터에 초점이 맞추어져 있으며, 구성에 대한 터치는 보이지 않는다. 와이즈버그(2006)가 분석한 〈게르니카〉의 예비 스케치에 대한 아래의 표는 이러한 추이를 분명하게 보여준다.

기간	전체적 구성	말	황소	어머니와 아이	여자	손	떨어지는 사람	남자	총합
1 (5월1일~2일)	6	5	0	0	0	0	0	0	11
2 (5월8일~13일)	2	4	2	5	1	1	0	0	15
3 (5월20일~6월4일)	0	2	2	2	8	1	3	1	19

<3 개의 작업 기간으로 도표화한 모든 예비 작품들>

출처: Weisberg, 2006, *Creativity: Understanding innovation in problem solving, science, invention, and the arts*

피카소는 일단 초기에 전체적인 구조를 설정하고 주요 캐릭터를 완성하는 작업에 많은 시간을 할애하였으며, 이 후에는 이러한 뼈대 위에 다른 요소들을 투입하여 그림을 완성했다. 이러한 습작 내용의 변화는 피카소가 어느 순간 영감을 받아 순식간에 〈게르니카〉를 그린 것이 아니라, 논리적인 체계에 따라 단계적으로 작품을 구상하고 진행하여 그림을 완성했다는 사실을 보여준다.

피카소가 그저 샘솟는 영감에 따라 작품을 완성한 것이 아니라 구체적이고 체계적인 설계의 과정을 거쳤다는 사실은 그가 작품의 전체적인 구조를 그렸던 구성에 관한 8개의 예비 스케치를 살펴보면 더욱 분명해진다. 피카소는 8개의 예비 스케치에 각각의 번호를 붙여 두었다. 이중 2b를 제외한 모든 구성 스케치는 〈게르니카〉의 최종 완성본과 동일한 구조를 보이고 있다. 이는 피카소가 〈게르니카〉를 즉흥적인 영감에 따라 그린 것이 아니라, 치밀하고 체계적인 구상과 구조화의 과정을 통해 완성했다는 것을 증명한다.

스케치번호	날짜	최종구조	말	황소	불빛을 든 여자	어머니와
1	5/1	맞음	○	○	○	
2a	5/1	맞음		○	○	
2b	5/1	아님	○	○		
3	5/1	맞음	○		○	
6	5/1	맞음	○	○	○	
10	5/2	맞음	○	○	○	
12	5/8	맞음	○	○		○
15	5/9	맞음	○	○	○	○
비율			.88	.88	.75	.25

<게르니카의 구성 습작들: 다양한 캐릭터들의 존재>

이처럼 피카소의 〈게르니카〉는 예술에서의 '창의' 역시
치밀한 구성을 통해 점진적으로 발전하는 과정을 통해 완성
된다는 사실을 보여준다. 그렇다면, 이 과정에서 지식이나
경험은 어떤 역할을 하는 것일까? 피카소의 〈게르니카〉에서
그 답을 찾을 수 있을까?

이에 대한 해답은 피카소의 1935년 작품인 〈미노타우
로마키Minotauromachy〉에 있다. 〈게르니카〉가 새로운 시도의
창의적 작품이라는 데는 이견이 없다. 그러나 〈게르니카〉의
새로움이 어느 날 갑자기 탄생한 것은 아니다. 피카소의 부
식 동판화인 〈미노타우로마키〉를 살펴보자.

니와 어른	달아나는 여자	떨어진 여자	떨어진 전사	날고있는 동물	바퀴	올린 팔
				○		
				○		
			○	○		
		○	○			
			○			
○					○	○
.13	0	.13	.38	.38	.13	.13

출처: Weisberg, 2006, *Creativity: Understanding innovation in problem solving, science, invention, and the arts*

<미노타우로마키, 피카소, 1935>　출처: www.museoreinasofia.es

이 두 작품은 여러 구성 요소들을 공유하고 있다. 굳이 위의 그림과 아래 표를 보지 않더라도 〈게르니카〉와 〈미노타우로마키〉를 구성하는 캐릭터들이 상당 부분 일치한다는 것을 쉽게 알 수 있다. 또한 우리는 이를 통해 〈미노타우로마키〉에서의 경험이 〈게르니카〉에 영향을 주었다는 것을 짐작할 수 있다.

미노타우로마키(1935년)	게르니카(1937년)
황소 (미노타우로스)	황소
말-고개를 들고 있는	말-고개를 들고 있는 (창에 찔려-죽어 가는)
죽은 사람	죽은 사람 (부서진 조각상)
검 (부러진-조각상의 손에 들린)	검 (미노타우로스의 손에 들린)
꽃 (소녀의 손에 들린)	꽃 (조각상의 손에 들린)
위에서 주시하는 두 여자	위에서 주시하는+불빛을 들고 있는 여자
땅에서 불빛을 들고 있는 여자	
새 (위의 창문 안에 서 있는)	새 (빛을 향해 날고 있는)
수직 방향의 사람 (도망가고 있는 남자)	수직 방향의 사람 (불타면서 떨어지는 여자)
돛단배	전깃불
	어머니와 아이
	뛰어 들어오는 여자

<게르니카와 미노타우로마키에서 일치하는 요소>

출처: Weisberg, 2006, *Creativity: Understanding innovation in problem solving, science, invention, and the arts*

이 두 작품은 작품을 구성하는 캐릭터뿐 아니라 공간적 구성도 유사하다. '수직 방향의 사람'이 오른쪽, '황소'가 왼쪽 끝에 있으며, '불빛을 들고 있는 여자'도 〈게르니카〉에서 대응되는 캐릭터와 같은 방향을 바라본다.

캐릭터, 공간 구성과 같은 물리적인 유사성뿐 아니라 두 작품이 공유하고 있는 '투우'라는 상징성에도 주목할 필요가 있다. 이는 예술에서의 '창의'가 어떤 과정을 통해 창조되는지를 이해하는 데 중요한 단서를 제공하기 때문이다.

황소와 말, 검을 든 사람 그리고 그 장면을 내려다 보는 관중들. 〈게르니카〉가 투우를 모티브로 그려졌다는 것은 자명하다. 또한 투우 장면은 피카소가 작품 활동 초기부터 사용한 주요 소재였는데 (Chipp, 1988),[*] 이는 피카소가 어린 시절부터 투우를 보면서 자란 스페인 사람이었기 때문일 것이다.

하지만 그가 〈게르니카〉의 기본 구조로 투우를 선택한 것은 투우가 단순히 익숙한 소재이기 때문만은 아니다. 〈미노타우로마키〉가 악의 힘을 상징하는 '미노타우로스Minotauros'와 '투우Toraumachy'의 합성어라는 사실에 주목해 보자.

각주 |
Chipp, H. B. (1988). Picasso's *"Guernica": History, transformations, meanings.*

아마도 피카소는 게르니카에 가해진 폭격에서 어린 시절 투우를 보며 느꼈던 감정을 떠올렸을 지도 모른다. 황소가 죽어야만 끝나는 게임. 또한 투우사를 태우고도 보호받지 못한 채 종종 황소의 공격에 희생되는 말. 이들을 바라보며 어린 피카소는 비통한 슬픔을 느끼지 않았을까? 이 추론이 타당하다면, 〈게르니카〉의 한 가운데서 고통의 비명을 지르며 고개를 쳐들고 있는 말을 통해 피카소가 전달하고자 한 메시지를 이해하기가 훨씬 수월해진다.

언뜻 보면 이해하기 어렵고 기괴한 듯 보이는 〈게르니카〉라는 작품은 이를 구성하는 다양한 조각들이 치밀한 계획을 통해 연결되어 만들어진 것이다. 〈게르니카〉는 폭격이라는 불행한 사건과 피카소의 경험들의 복잡한 집합체인 것이다.

"천재성은 나와 사회에 대한 통찰력을 내포한다."

- 최창욱

"Genius implies the insightful understanding

of the self and society."

- Kevin Choi

2. DNA 나선 구조 노벨상 과학 천재, 왓슨

19세기와 20세기의 생물학에서 다윈의 진화론, 멘델의 유전 법칙에 비견될 만큼 중요한 업적 중의 하나인 DNA*의 이중 나선*구조는 어떻게 발견되었을까? DNA의 이중 나선 구조를 처음 발표해서 1962년 노벨 생리의학상을 수상한 제임스 왓슨James D. Watson, 1928-과 크릭Francis Crick, 1916-2004의 천재성 때문이었을까? 아니라면 DNA의 구조를 발견할 수 있는 아주 운 좋은 사건이 이들에게 일어났던 것일까?

지금부터 그들의 연구 과정을 따라가 보자. 과연 그들에게 어떤 일들이 일어난 것일까?

과연 그들은 어떻게 DNA의 구조가 이중 나선임을 알아낼 수 있었을까? 그들은 어떠한 능력을 가지고 있었으며, 어떠한 사건을 만났던 것일까?

각주 |
DNA (deoxyribonucleic acid)
살아있는 모든 유기체 및 많은 바이러스의 유전적 정보를 담고 있는 실 모양의 핵산 사슬
나선 (Helix)
공간 동형의 둘레를 방향을 갖고 일정한 속도로 나아갈 때 자취를 뜻한다.

DNA가 이중 나선 구조를 가졌다는 왓슨과 크릭의 생각은 정말로 창의적인 발상이었다. 수많은 유전학자와 생물학자들이 50년 넘게 유전 물질의 성분과 구조에 대해 연구하고 있었지만 (Olby, 1994)* 아무도 DNA의 구조를 짐작조차 하지 못하고 있었기 때문이다.

그들이 DNA의 구조를 밝히는 데 가장 중요한 첫 번째 사건은 1951년 봄 나폴리에서 열린 학술 대회에서 일어났다. 이 학회에서 윌킨스는 DNA를 X선으로 찍은 회절 사진을 발표했고, 이것이 DNA 구조를 해명하는데 있어 첫번째 단서가 되었다.

각주 |
Olby, R. (1994). The path to the double helix: Thediscovery of DNA.

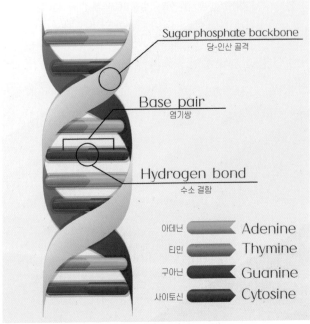

아데닌 Adenine
티민 Thymine
구아닌 Guanine
사이토신 Cytosine

DNA 이중 나선 구조

DNA를 X선으로 찍었을 때 회절 현상[*]이 발견된다는 것은 DNA가 결국 규칙적으로 응집된 결정이라는 의미였다. 결정과 같이 주기적인 구조를 가진 물질에 일정한 파장의 빛을 다양한 각도에서 비추면, 어느 각도에서는 강한 빛의 반사가 일어나지만 다른 각도에서는 반사가 거의 일어나지 않는다. 이를 빛의 회절과 반사에 관한 물리 법칙인 '브래그의 법칙Bragg's Law'이라 하는데, DNA에 X선을 비추어 나타난 모양은 '브래그의 법칙'을 따르고 있었던 것이었다.

각주 |
회절 현상
직진해 오는 빛이 장애물에 닿았을 때 그 뒤쪽으로 돌아 들어가는 현상

윌킨스가 발표한 아래의 사진은 실제 DNA의 모습이 아니라 X선이 원자에 부딪혀 회절되어 반사된 모습이다. 따라서 이 사진을 통해 DNA의 구조가 규칙적인 원자 정렬을 갖는다는 것을 알기 위해서는 분자의 가장자리나 좁은 틈새를 지나는 X선 파동이 휘어지면서 만들어 내는 X선의 의미를 해석할 수 있는 전문성이 있어야만 했다.

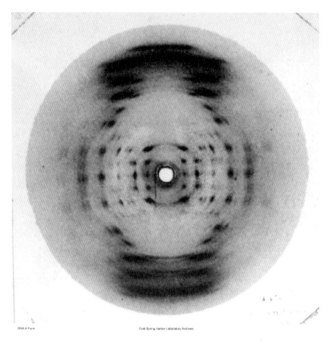

<DNA의 회절 패턴 X선 사진>

이러한 전문성이 있었던 왓슨과 크릭은 윌킨스가 학회에서 발표한 이 사진을 보고 DNA가 규칙적인 구조로 이루어진 결정체라고 확신했다. 이는 이들에게 향후 연구의 방향을 제시하는 길잡이가 되었다.

하지만 이들이 윌킨스의 X선 사진을 처음 보았을 때 알수 있었던 것은 단지 DNA의 구조가 규칙적이라는 것뿐이었다. 즉, X선 사진을 보자마자 '아하!' 하면서 DNA의 구조가 이중 나선임을 알아본 것은 아니다.

DNA 결정을 X선에 노출시켜 만들어진 회절 무늬는 전혀 나선처럼 보이지 않는다. 이 패턴이 나선에서 비롯된다는 가시적인 증거는 전혀 없었던 것이다.

이 사진의 회절 패턴에 내재되어 있는 규칙적인 구조가 무엇인지를 정확하게 알아내기 위해서는 X선 결정학에 대해 보다 수준 높은 전문성이 필요했다. 분자에 내재되어 있는 형태와 구조에 따라 X선 광선이 어떻게 갈라지는지에 대해 적절한 가정을 만들 수 있는 전문성이 필요했기 때문이다.

이에 왓슨은 X선 결정학에 대한 보다 수준 높은 전문성을 쌓기 위해 1951년 가을부터 DNA의 X선 분석을 실행할 수 있는 케임브리지 대학교의 캐번디시 연구소에서 연구를 시작한다. 왓슨이 케임브리지의 캐번디시 연구소에 도착할 무렵 크릭은 윌리엄 코크런William Cochran과 함께 X선 회절 무늬 해석에 관한 이론적 연구를 수행하고 있었다. 이는 왓슨과 크릭 그리고 다른 사람들이 X선 데이터를 해석하고 이해할 수 있게 하는 데 결정적인 도움을 주는 중요한 연구였다 (Judson, 1979; Olby, 1994; Watson, 1968).[*]

그렇다면 X선 결정학에 전문성을 갖는 순간 곧 바로 DNA의 구조가 이중 나선임을 알 수 있었을까? 그렇지 않았다. DNA가 이중 나선이라는 가설은 사진을 보는 순간 즉각적으로 떠오른 것이 아니라, 점진적이고 누적적인 연구 과정을 통해 제안되었다.

처음 윌킨스의 X선 사진으로부터 알 수 있었던 것은 분자의 구조 안에 기본 패턴이 존재한다는 정도였다. 모종의 반복이 일어난다는 사실이 전부였다. 그 패턴이 나선일 수도 있다는 제안을 처음 한 학자는 왓슨과 크릭이 아닌 노벨상을 공동 수상한 윌킨스였다.

각주 |
Judson, H. F. (1979). The eighth day of creation: Makers of the revolution in biology.
Watson, J. D. (1968). The double helix; A personal account of the discovery of the structure of DNA.

왓슨이 캐번디시 연구소에 도착하기 전인 1951년 여름, 윌킨스는 케임브리지 대학교에서 강연을 하면서 DNA가 나선일 가능성을 제안했는데, 처음에 그 나선은 한 가닥일 것이라고 가정되었다 (Judson, 1979; Olby, 1994). 이는 X선 사진으로부터 추론된 밀도의 측정치와 그 밖의 다양한 관련 데이터로 유추한 결과였다. 1951년 가을이 되었을 때 왓슨과 크릭 그리고 윌킨스는 모두 DNA가 나선이라는 가설에 동의하게 되었다.

이제 DNA가 나선 구조를 갖는다는 것은 거의 확실해졌다. 하지만 여전히 나선의 구조가 이중이라는 사실은 알지 못했었다. 그렇다면 왓슨과 크릭은 DNA의 구조가 이중 나선임을 어떻게 발견한 것일까?

이에 대한 해답은 왓슨과 크릭이 처음 제안했던 DNA의 구조 모형이 삼중 나선이었다는 것에서 찾을 수 있다.

동시대에 DNA를 연구하던 다른 연구자들과의 논의를 바탕으로 왓슨과 크릭이 1951년 11월에 처음으로 세웠던 DNA의 구조 모형은 염기들이 바깥에 붙어 있는 세 가닥짜리 DNA 모형, 즉 삼중 나선 구조였다. 두 가지 핵심적인 결정인 지주의 수와 염기의 위치에 관해 그들은 틀린 모형을 만들었던 것이었다.

비록 그 모형은 틀렸지만 이러한 선택은 그 시점에서
는 매우 합리적인 것 (Judson, 1979; Olby, 1994; Watson,
1968)이었고, 이를 이해하는 것이 새로운 창의적 결과물을
만드는 과정을 이해하는데 매우 중요하다. 이들이 삼중 나선
모형을 만들 때와 이중 나선 모형을 만드는 과정이 동일했다
는 점이 바로 해답의 열쇠가 된다.

DNA의 지주가 세 가닥이라는 생각을 하게 된 주된 이
유는 DNA의 밀도 때문이었다. X선 사진으로부터 그들은 분
자의 전체적인 표면적과 무게를 측정할 수 있었다. 이를 기
초로 DNA의 무게를 표면적을 이용해 계산한 부피로 나누어
DNA의 밀도를 구했고, 그 구조가 포함해야 하는 지주의 가
닥수에 관한 결론들을 끌어낼 수 있었다.

이처럼 논리적으로 계산했음에도, 그들이 DNA가 삼중 나선 구조를 가졌다고 생각했던 이유는 밀도 계산 과정의 오류 때문이었다. 그러나 왓슨과 크릭이 만든 삼중 나선 구조 모형은 당시에 얻을 수 있는 정보를 가지고 만들 수 있었던 최선의 모형이었다.

왓슨과 크릭이 삼중 나선을 생각했을 무렵, 킹스 칼리지 런던King's College London의 물리학과 학생이던 브루스 프레이저Bruce Fraser도 왓슨과 크릭의 모형과 유사한 삼중 나선 지주가 안쪽에 들어간 DNA 모형을 세웠다 (Judson, 1979; Olby, 1994)는 사실은 동일한 정보를 소유한 전문가라면 누구든지 동일한 결론에 이를 수 있다는 사실을 보여준다.

왓슨과 크릭이 이중 나선을 알아내는 과정은 관련 정보를 통해 가설을 세우고, 새로운 정보가 수집되었을 때 기존의 가설을 검토하고 수정하여 진행하는 점진적이고 누적적인 과정들이었다. 예를 들어, 로잘린드 프랭클린[*]Rosalind Franklin이 촬영한 'DNA의 B형태'라 불리는 X선 사진은 이들이 모델을 수정하는데 결정적인 역할을 한 새로운 정보였다.

프랭클린은 1952년 5월 경, DNA를 습기에 노출시킨 후 X선 사진을 찍는데 성공했다. 윌킨스 역시 이전에 시도했던 과제였지만 촬영에 성공한 사람은 X선 회절 기법에 더 깊은 경험을 가지고 있던 프랭클린이었다.

로잘린드 프랭클린

출처 theguardian.com

각주 |
로잘린드 프랭클린(Rosalind Franklin 1920-1958)
DNA 구조 발견의 숨겨진 비밀을 알아내는 데 결정적인 역할을 한 X-선 결정학자

실제로 그녀는 정확한 DNA 구조를 알아내지는 못했지만 X선 촬영을 통해 아주 중요한 사실을 알아냈다. DNA 섬유가 두 가지 형태의 X선 회절 패턴을 보일 수 있다는 사실이다. 젖은 DAN 섬유 사진을 분석한 결과 건조한 DNA 사진에서보다 좀 더 회절이 많이 보인다는 사실을 알아낸 것이다. 'DNA의 젖은 형태' 혹은 'B형태'로 불리는 이 사진에 내재된 정보가 왓슨과 크릭이 세 가닥 모형에서 두 가닥 모형으로 자신들의 모형을 수정하는 데 결정적인 기여를 했다.

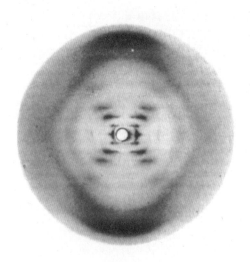

<프랭클린이 발견한 DNA X선 회절 패턴 사진>

출처 : http://mirror.enha.kr/wiki/DNA

DNA를 습기에 노출시켜 촬영한 이 사진에 나타난 패턴은 DNA가 나선 구조라는 것을 확실하게 보여주었다. 하지만 이 사진이 중요한 이유는 DNA 섬유를 습기에 노출시키면 그 길이가 20% 증가한다는 사실에 있었다. 왓슨과 크릭은 DNA 분자가 흡수할 수 있는 물의 양을 근거로 지주 구조를 가정했는데, 이들은 물의 양에 대한 정확한 정보를 확보하지 못한 채 지주가 세 가닥이라고 가정했었다.

하지만 프랭클린의 'B형 사진'을 통해 그들은 자신들의 계산이 틀렸음을 알았고 이러한 새로운 정보로 그들은 DNA 분자에 세 가닥이 아닌 두 가닥의 지주가 들어 있다는 결론을 끌어낼 수 있었다.

프랭클린의 'B형 사진'과 더불어 왓슨과 크릭이 모형을 찾는 데 결정적 공헌을 했던 또 하나의 정보는 킹스 연구원들의 연구 보고서였다. 캐번디시 연구소의 원로 연구원인 막스 페루츠*Max Perutz 는 왓슨과 크릭에게 킹스의 연구원들이 외부 위원회를 위해 준비했던 보고서를 전해 준다.

각주 |

막스 페루츠(Max Perutz 1914-2002)
1962년 단백질 구조에 관한 연구로 노벨 화학상을 수상한 영국의 화학자. 결정 헤모글로빈의 X선 회절에 의한 분자 구조 결정 연구로 유명.

이 보고서를 통해 왓슨과 크릭은 지주의 사슬들이 반 평행, 즉 반대 방향으로 달린다는 것을 추론할 수 있었을 뿐 아니라 나선의 경사도 결정할 수 있었다. 이들이 이와 같은 추론을 할 수 있었던 이유는 크릭의 전문성 때문이었다. 크릭은 페루츠를 도와 헤모글로빈의 단위 세포에 관한 연구를 수행한 적이 있었는데 그때 습득한 지식으로 이 보고서를 어렵지 않게 해석할 수 있었다.

보고서에는 프랭클린이 주장하는 DNA 단위 세포의 형태가 포함되어 있었고, 그 구조는 크릭이 연구했던 헤모글로빈의 단위 세포와 같은 구조였다 (Judson, 1979). 이에 크릭은 그 구조의 의미를 곧바로 이해할 수 있었으며, 이것은 왓슨과 크릭에게 필요했던 거의 마지막 정보였다.

지금까지 왓슨과 크릭이 DNA의 이중 나선 구조를 밝혀낸 과정을 따라가 보았다. 이 위대한 발견은 왓슨과 크릭의 천재성에 기대어 어느 날 불현듯 이루어 낸 결과물이 아니었다.

이들도 연구 과정에서 헤매고 실수하고 다시 시작하는 일을 끊임없이 반복했다. 결국 왓슨과 크릭은 다양하고 방대한 관련 자료를 수집하고 이를 분석하며 가설을 세우고 연구하는 과정을 반복한 끝에 DNA의 구조를 밝혀낼 수 있었던 것이다. 이는 우리가 일반적으로 문제를 해결하는 과정과 동일하다.

결과적으로 DNA 구조를 밝히기 위해 이들에게 필요했던 것은 관련 자료를 정확하게 이해하고 바르게 해석할 수 있는 전문성과, 이로부터 가설을 끌어낼 수 있는 연구 방법에 대한 훈련뿐이었다.

왓슨과 크릭의 DNA 모형은 20세기 과학의 위대한 발견들 중 하나이며 우리 삶의 많은 면에 지대한 영향을 미치고 있다. 그러나 인지 과정 측면에서 본다면, 그들의 위대한 발견이 이루어지는 과정에 특별하고 신비한 요소는 아무것도 없었다 (Weisberg, 2006).[*]

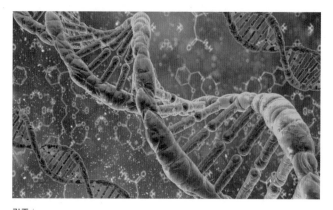

각주 |
Weisberg, R. W. (2006).
Creativity: Understanding innovation in problem solving, science, invention, and the arts.

왓슨과 크릭은 그들의 지식을 바탕으로 가능한 DNA 모형을 세웠고, 자신들이 틀렸다는 것을 알게 되었을 때 다시 처음으로 돌아가 새로운 정보와 전문성을 획득했고, 이런 과정을 반복하며 결국 목적을 달성했던 것이다.

세상에 없던 발견이라는 창의적 과정조차 결코 천재가 무에서 유를 창조하는 것이 아니다. 이 과정 역시 보편 타당한 과정이다. 왓슨과 크릭이 특별했기 때문에 그들만이 DNA의 구조를 규명할 수 있었던 것은 아니었다. 자신의 분야에서 10년 이상 꾸준히 노력하여 그 분야의 전문성을 갖추고 포기하지 않는다면 노벨상 급의 창의도 누구에게나 열려 있는 것이다.

"내가 이 그림을 그리려고 얼마나

노력했는지 안다면 결코 나를

천재라 부르지 않을 것이다."

- 미켈란젤로

"If you knew how much work went into it,

you would not call it genius"

- Michelangelo Buonarroti

3. 예술에서 IT까지 비즈니스 천재, 스티브 잡스

'현대 국가의 국력은 한 나라의 군사력이 아닌, 세계적인 기업이 몇 개 있느냐로 평가해야 한다.' 국가와 기업의 관계를 말할 때 자주 인용되는 문장으로 글로벌 기업의 중요성을 나타낸 말이다.

스티브 잡스Steve Jobs 1955-2011가 창업한 애플은 2020년 8월 현재 시가 총액이 2조 1천 억 달러를 넘어 전 세계 시가 총액 1위를 차지하고 있다. 애플이 국가였다면 대한민국 (1조 6424억 달러·2019년 명목 GDP 기준), 캐나다 (1조 7364억 달러), 러시아 (1조 7000억 달러), 브라질 (1조 8400억 달러), 이탈리아 (2조 달러) 등을 제치고 전 세계 7위 국가가 되는 수준이다. 실로 놀라운 성과를 이뤄낸 위대한 기업이다.

애플을 만들어낸 스티브 잡스는 인류 역사상 가장 뛰어난 비즈니스 천재였다. 가정에 개인용 컴퓨터가 보급되는 데 기여했고, 세계 최초로 3D 애니메이션을 만들었으며, 가장 많은 곡을 소유한 음원 플랫폼을 운영하고, 앱스토어와 같은 콘텐츠 유통 시스템을 혁신했으며, 스마트폰을 만들었다.

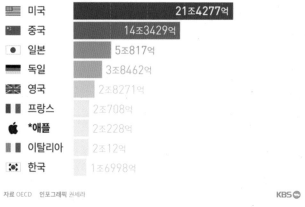

국가별 국내총생산 비교 (달러)   *2019년 명목 GDP 기준

🇺🇸	미국	21조4277억
🇨🇳	중국	14조3429억
🇯🇵	일본	5조817억
🇩🇪	독일	3조8462억
🇬🇧	영국	2조8271억
🇫🇷	프랑스	2조708억
🍎	*애플	2조228억
🇮🇹	이탈리아	2조12억
🇰🇷	한국	1조6998억

자료 OECD   인포그래픽 권세라   KBS

출처 KBS NEWS 2020.8.21

그는 불과 30여년 이라는 비즈니스 기간 동안 PC, 영화, 음악, 콘텐츠 유통, 휴대폰이라는 5개 산업 영역에서 'Before 잡스 After 잡스'로 나눠야 할 정도의 혁신과 변화를 일궈냈다.

스티브 잡스의 이런 놀라운 융합적이고 창의적인 성취는 어떻게 가능했을까? 그가 천재였기 때문일까? 공식적으로 잡스의 IQ에 대한 기록은 없지만, 잡스와 함께 애플을 창업하고 PC 혁신을 일으킨 스티브 워즈니악은 아이큐 200의 천재로 알려져 있다. 그렇다면 5개 산업에서 혁신을 일으킨 잡스의 아이큐는 그보다 더 높지 않았을까?

스티브 잡스

　오페라로 치면 4막으로 구분할 수 있는 잡스의 인생을 통해 그와 같은 창조적 융합 비즈니스 천재성이 만들어지는 과정을 따라가 보기로 하자.

　인생 1막에서 잡스는 오리건주 포틀랜드에 위치하며, 수백명의 풀브라이드 장학생[*]과 수십 명의 로즈 장학생을 배출하는 명문 사립 리버럴 아츠 칼리지[*]인 리드 칼리지에 입학해 철학과 물리학을 복수 전공했다. 비싼 리드 칼리지의 학비 때문에 자퇴할 수밖에 없었지만 자퇴 후에도 그는 1년 6개월 동안 청강생 신분으로 리드 칼리지에서 공부했다.

리드 칼리지의 중요한 특징은 입학하면 1년 동안 그리스와 로마 고전(古典)과 씨름한다는 것이다. 호메로스의 〈일리아드〉, 헤로도토스의 〈역사〉, 플라톤의 〈공화국〉, 아우구스티누스의 〈고백록〉 등 40여 권의 고전을 정독한다. 깊이 있고 폭넓은 지식을 쌓기 위해서는 기초를 탄탄히 다져야 한다는 이유에서다. 모든 학생에게 1주일에 총 500페이지 분량의 책을 읽어야 하는 엄청난 독서량이 부과된다. 스티브 잡스는 이것을 좋아하지 않았다.

리드 칼리지(Reed College) 전경

각주 |

풀브라이트(Fullbright) 장학금
전 세계 150여 개국에서 우수한 인재들을 선발해 미국에 유학할 수 있도록 지원
로즈(Rhodes) 장학금
매년 세계 각국의 인재들을 영국 옥스퍼드 대학교의 대학원 학위 과정 수학을 지원
리버럴아츠칼리지(Liberal Arts College)
인문 과학, 사회 과학, 자연 과학, 어학 등에 중심을 둔 학부 중심 4년제 미국 대학

그럼에도 2005년 스탠포드 대학교 연설에서 스티브 잡스는 "내가 리드 칼리지에서 서체(書體) 강의를 듣지 않았다면 매킨토시 컴퓨터의 '아름다운' 글꼴을 디자인할 수 없었을 것이다."라고 말할 정도로 리드 칼리지가 스티브 잡스의 애플 OS 디자인에 미친 영향은 지대했다. 잡스가 아들 이름을 '리드'라고 지을 정도였다.

리드 칼리지에 입학한 모든 학생들은 인문학과 자연 과학을 복수 전공해야 하는 학교의 전통을 따른다. 스티브 잡스도 리드 칼리지의 전통을 통해 융합의 중요성을 깨달았다.

스티브 잡스의 인생 2막은 첫 직장이었던 컴퓨터 제조 회사인 아타리Atari에서의 짧은 경험 이후, 1976년 22살의 나이에 스티브 워즈니악, 로널드 웨인과 애플을 창업해 단기간 동안 개인용 컴퓨터를 대중화하는 데 엄청난 성공을 거둔 시기이다.

창업 당시 애플이라는 회사명과 로고는 비틀즈의 레코드 회사가 1968년부터 사용하고 있었다. 두 회사 사이에 상표권 침해 소송이 시작됐고, 수 년 간의 소송 끝에 애플 컴퓨터는 8만 불을 보상하고, 두 회사가 컴퓨터와 음악 분야에서 서로 침범하지 않는다는 조건으로 마무리 됐다.

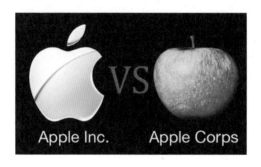

합의 후 충돌할 일이 없을 것 같던 두 회사가 갑자기 2차 전으로 맞붙게 됐다. 스티브 잡스의 애플이 1986년에 애플II GS 컴퓨터를 출시하면서 사운드 기능을 하는 Ensoniq 503 DOC 칩 세트를 탑재했기 때문이다.

애플 II 컴퓨터

지금도 PC를 조립할 때 기본 기능만 하는 사운드 카드를
별도로 사야 하는데, 당시 애플이 탑재한 Ensoniq 503 DOC
칩 세트는 무려 32개의 음을 동시에 낼 수 있고 ADSR 음색
변조 및 8bit PCM sampling 기능이 있는 전문 작곡용이었다.

이는 35년 전의 일이었으며, 그 당시 대표적인 신디사이
저의 스펙을 훨씬 뛰어넘는 기능의 사운드 칩을 컴퓨터에 탑
재한다는 대단하고 놀라운 시도였다.

스티브 잡스는 컴퓨터와 음악의 융합을 시도하며 아무도 생각하지 못한 컴퓨터를 만들어낸 것이다. Apple Corps와의 소송도 불사한 결정이었다. 스티브 잡스는 창조적인 시도의 산물인 애플 II 컴퓨터를 통해 전 세계에 개인용 컴퓨터의 대중화라는 커다란 성공을 거두었다.

그러나 창업 10년 만인 1985년, 잡스는 경영권 분쟁에 밀려 애플에서 쫓겨나며 인생의 2막을 마쳤다.

인생 3막은 스티브 잡스가 인격적으로 성숙해지는 동시에 애니메이션 회사 픽사Pixar를 통해 또 한 번 놀라운 성공을 거두는 시기이다. 이 시기를 통해 스티브 잡스는 또 하나의 융합, 바로 음악과 영화 그리고 컴퓨터 기술의 융합을 이루어낸다.

애플은 단순히 스마트폰을 잘 만드는 회사가 아니다. 애플의 정체성은 '인문학과 기술의 융합'에 있다. 스티브 잡스가 애플에서 쫓겨나 절치부심했던 이 시기가 결과적으로 새로운 융합을 탄생시킨 원동력이 되었다.

우리는 픽사를 3D 애니메이션 영화 회사로 알고 있지만 스티브 잡스가 픽사를 인수할 당시 픽사는 애니메이션 제작 소프트웨어 '렌더맨'이라는 제품을 가진 소프트웨어 회사였다.

1986년 스티브 잡스는 이 회사를 인수해 이름을 픽사로 변경했다. 그 후 약 10년 간 무려 6천만 달러의 엄청난 자금을 투자해 마침내 1995년 11월 최초의 Full 3D 장편 애니메이션 '토이 스토리Toy Story'를 탄생시켰다. 당시 '토이 스토리'는 무려 3억 달러의 수익을 올렸다.

이는 잡스가 10년 간 2만 시간 이상 애니메이션을 공부하고 막대한 자금을 투자한 결과였다.

최초의 Full 3D 장편 애니메이션 토이스토리

'토이 스토리' 성공의 의미는 3D 애니메이션의 발전에만 국한되지 않는다. '터미네이터2', '쥬라기 공원', '매트릭스' 등과 같이 컴퓨터 그래픽을 사용하는 블록 버스터 영화들이 제작될 수 있는 계기가 된 작품이라는 데 있다.

'토이 스토리' 이후 영화와 컴퓨터 기술이 융합된 컴퓨터 그래픽스Computer Graphics, CG로 시각적 특수 효과는 놀랍게 발전하였고, CG는 영화의 필수 요소가 되었다.

스티브 잡스는 컴퓨터 산업에 이어 영화 산업에도 혁신을 이룬 기업가가 된 것이다.

인생 4막. 1997년 스티브 잡스는 위기에 처한 애플의 최고 경영자로 복귀한다. 그리고 10억 달러 적자였던 회사를 1년 만에 4억 달러 흑자로 바꿔 놓는다.

이 시기에 스티브 잡스는 아이맥, 파워북, 아이팟, 아이튠스, 아이폰, 아이패드 등 전 세계 수많은 사람들에게 영향을 준 작품을 만들며 인생의 전성기를 누린다.

그러나 이 시기도 스티브 잡스의 천재성에 의해 그냥 이루어진 것은 아니다. 잡스가 가장 애정을 쏟았던 음악과의 융합 작품, 아이팟을 보면 알 수 있다.

1976년 애플 설립 당시부터 음악에 관심이 많았던 스티브 잡스는 약 1년 간의 개발 끝에 드디어 2001년 MP3 플레이어인 아이팟iPod을 출시했다. 5GB 대용량 하드 디스크로 무장하고 '주머니 속에 천 곡' 1,000 songs in your pocket이라는 캐치프레이즈를 내세웠다. 10시간 지속 가능한 배터리와 주머니 속에 쏙 들어가는 작은 크기에, 애플 특유의 디자인과 스크롤 휠* scroll wheel이라는 멋진 UI*user interface를 채택했다.

그러나 결과는 실패였다. 스티브 잡스 특유의 프리젠테이션 기법으로 'Apple design - more than music' 아이팟 1세대를 멋지게 론칭했음에도 호응이 좋지 않았다. 그러나 잡스는 멈추지 않고 기본 디자인을 변경하지 않으면서 2세대, 3세대, 4세대에 걸쳐 꾸준히 매년 업그레이드 된 아이팟을 출시했다. 그리고 마침내 4세대 아이팟은 전 세계에 흥행 돌풍을 일으켰다.

스티브 잡스는 아이팟을 소형화 하기 위해 어떤 노력을 했을까?

1세대 2001년 10월   2세대 2002년 7월   3세대 2003년 4월   4세대 2004년 7월

각주 |

스크롤 휠 모니터에 나타난 화면을 상하 또는 좌우로 손쉽게 움직일 수 있도록 마우스나 키보드 따위에 달아 놓은 바퀴 모양의 회전 장치.
UI 컴퓨터나 모바일 기계 등을 사용자가 좀 더 편리하게 사용할 수 있는 환경을 제공하는 설계 또는 그 결과물.

잡스는 개발팀이 아이팟 시제품을 만들어 올 때마다 물속에 던져 넣었다. 그리고 물속에서 기포가 올라오면 "아직도 빈 공간이 있으니 더 작게 만들라"고 독려했다.

또한 당시 MP3 플레이어는 플래시 메모리[*]를 사용했기 때문에 100곡 이상을 저장할 수 없었다. 잡스는 이를 극복하기 위해 전 세계를 수소문했고 도시바가 초소형 하드 드라이브를 개발했다는 소식을 듣자 바로 독점 계약을 체결했다. 그 결과 아이팟은 1,000곡을 저장할 수 있게 되었다.

그때까지 걸린 시간은 총 4년이었다. 잡스는 하나의 프로젝트에 무려 4년이나 몰입하고 집중했으며, 그 결과 아이팟은 전 세계 누적 판매량 10억대를 돌파할 정도로 (2016년 기준) 돌풍을 일으켰다. 애플을 키운 아이팟은 이렇게 탄생한 것이다.

스티브 잡스의 위대한 업적들 역시 이렇게 지독한 집념과 노력으로 이룩된 것이다.

각주 |

플래시 메모리(Flash Memory) 플래시 메모리는 비휘발성 메모리로서 블록 단위로 내용을 지울 수도 있고, 다시 프로그램할 수도 있다. PDA 등 소형 단말기에서 주로 사용된다. 전원 공급이 없어도 저장해 놓았던 데이터를 보존할 수 있다.
사용자 경험(User Experience, UX)은 사용자가 어떤 시스템, 제품, 서비스를 직간접적으로 이용하면서 느끼고 생각하게 되는 지각과 반응, 행동 등 총체적 경험을 말한다.

"천재성은 마음에 있는 것을 실행에 옮기는 능력이다."

- F. 스콧 피츠제럴드

"Genius is the ability to put into effect

what is on your mind."

- F. Scott Fitzgerald

4. 평범하고 보편적인 과정이 천재를 만든다.

피카소가 〈게르니카〉를 완성하는 과정, 왓슨과 크릭이 DNA의 구조를 밝히는 과정, 그리고 스티브 잡스가 아이팟을 완성해 가는 과정을 구체적으로 살펴보았다.

그들은 놀라운 창의성을 발휘해 세상이 모르던 것을 깨우치고, 발견하고 또 아무도 생각지 못한 혁신을 이루어 냈다. 그런데 이 위대하고 놀라운 과정에 '쉽게'는 없었다. 천재성이나 재능으로 이루어 낸 것은 아무것도 없다. 이 과정에서 그들에게 필요했던 것은 그 분야에서의 깊은 전문성과 집념, 그리고 끝없는 노력이었다.

와이즈버그Weisberg는 2006년 〈창의: 문제 해결, 과학, 발명, 예술에서의 혁신〉이라는 제목으로 600쪽이 넘는 저서를 발표했다. 그는 천재들의 작품이라고 부르는 창의적 작품들은 깊은 전문성을 기초로 한 보편적인 사고 과정을 통해 만들어진다는 것을 증명하는 데 저서의 대부분을 할애했다.

살펴본 바와 같이 3명의 천재들의 창의적 작품과 발견은 그 결과물이 비범했을 뿐, 만들어지는 과정은 평범하고 보편적이었던 것이다 (Weisberg, 2006).

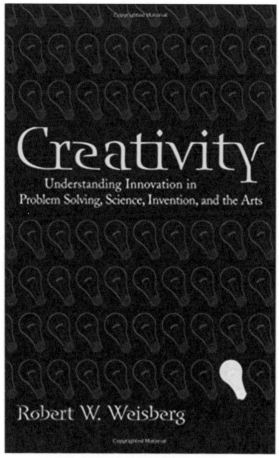

창의: 문제 해결, 과학, 발명, 예술에서의 혁신

순수 과학 영역에서도 이 원리는 동일하다. 뉴턴이 중력을 발견한 것은 1665년에서 1666년 사이이다. 이 단계에서 그는 태양과 행성에 작용하는 힘이 거리의 제곱에 반비례한다는 수학적인 개념을 밝혔다.

그로부터 10년이 지난 1679년과 1680년 사이에는 구심력의 개념을 형성했다. 그리고 1684년 여름부터 1687년까지 30개월 동안 지속적이고 집중적인 연구 과정의 산물로 '만유인력의 개념'을 완성시킬 수 있었다. 만유인력의 법칙은 20년이 넘는 시간 동안 꾸준히 연구한 결과로 탄생한 것이다.

아인슈타인은 1905년 현대 물리학에서 양자 역학과 상대성 이론이라는 두 축을 등장시키는 혁신적인 논문을 4편이나 발표하였다. 그리고 10년 동안 엄청난 연구 활동과 일련의 시행착오 끝에 1915년, 일반 상대성 이론의 완결판인 '중력장 방정식'을 발표하게 된다.

대단한 창의적 결과물을 만들어 내는 과정이 일반적인 사고 과정과 동일하다는 것이 누구나 뛰어난 창의적 산물을 만들어 낼 수 있다는 의미는 아니다. 하지만 10년 이상 한 분야에서, 2만 시간 이상의 노력으로 전문성을 가질 수만 있다면, 이전에 없었던 새로움을 만드는 길은 모두에게 열려 있다.

평범하지만 목표에 대한 맹렬한 노력의 과정이 천재적인 결과물을 만드는 비밀이기 때문이다. '세상을 바꿀 수 있다고 믿을 만큼 미친 사람들이 결국 세상을 바꾸는 사람들이다.'라는 띵크 디퍼런트Think Different메시지처럼 말이다.

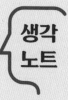
생각
노트

Part 2
천재성과
지능 지수(IQ)의
진실

'도대체 누가 저걸 만든 거야? 정말 천재다, 천재!' 우리
는 대단한 작품이나 업적을 만나면 자연스럽게 '천재'라는 단
어를 떠올린다.

그리고 그들의 업적을 일반인은 감히 범접할 수 없는 천
재들의 영역이라 규정하고, 그들을 신화적 영웅으로 만들기
좋아한다. 마치 IQ 테스트를 접해본 적 없는 물리학자 아인
슈타인의 지능 지수가 200 이상일 거라고 확신하는 것처럼
말이다.

그러나 '천재들은 지능 지수IQ가 매우 높으며 이것은 유전의 영향이다.' 라는 생각은 전혀 과학적인 근거가 없는 잘못된 생각이다.

그렇다면 그들은 도대체 무엇을 가지고 있는 것일까? 평범한 사람에게는 없는 특별한 무언가가 그들에게만 있는 것일까? 만약 있다면 어떻게 가질 수 있었을까? 선천적으로 타고난 것일까? 후천적인 습득일까?

1905년 최초로 실용 가능한 지능 지수IQ 검사를 만든 프랑스 심리학자 알프레드 비네Alfred Binet 1857~1911는 '어떤 사람들은 개인의 지능 지수는 고정되어 있기에 향상될 수 없다고 단언한다. 그러나 우리는 이러한 비관론에 저항해야 한다.'라고 말했다.

알프레드 비네

1. 지능(Intelligence)이란?

지능은 일반적으로 환경과 조화를 이루어 사회에서 잘 살아가기 위한 능력을 말한다. 메리엄-웹스터Merriam-Webster 사전에서는 지능을 '배우고 이해할 수 있는 능력, 또는 새로운 상황에 대처할 수 있는 능력'이라고 정의하고 있다. 그럼 학자들은 지능에 대해 어떻게 생각하고 정의하고 있는지 알아보자.

교육심리학자, 사회학자이면서 지능 전문가인 린다 고트프레드슨Linda Gottfredson교수는 '지능이란 매우 일반적인 정신 능력으로, 추론, 계획, 문제 해결, 추상적 사고, 복잡한 생각의 이해, 빠른 학습, 경험에서 배우는 지식 습득 능력을 포함한다'라고 정의한다.

통계 분야의 요인 분석* 선구자인 영국 심리학자 찰스 스피어만Charles Spearman, 1863-1945은 지능에는 모든 항목에 영향을 미치는 일반적인 요인general factor 'g'와 특정 과제 수행에서 적용되는 특수적인 요인specific factor 's'가 존재한다고 말한다. 이것을 스피어만의 2요인설이라고 한다.

일반 요인 (G Factor)	태어나면서부터 이미 가지고 있는 것으로, 모든 유형의 지적 활동에 공통적 으로 작용한다 [예] : 이해력, 관계 추출 능력, 상관 추출 능력 등등
특수 요인 (S Factor)	일반 요인만으로 해결하기 어려운 특수한 과제를 수행하기 위해 작용한다. [예] : 언어 능력, 수리 능력, 정신적 속도, 상상력 등등

출처 : [발달심리학], 인지 발달, 핵심 이론

일반적인 요인 g는 여러 인지 과제들을 수행하는데 공통적으로 필요한 능력으로 인간의 정신 기능의 공통적인 기초가 된다. 반면 특수적인 요인 s는 모든 과제에 통용되는 능력이 아니라 특정 영역의 과제를 수행하는 데 필요한 능력을 말한다.

3명의 심리학자 레이몬드카텔Raymond B. Cattell, 존 혼John L. Horn 및 존 캐롤John B. Carroll이 주축이 되어 70년에 걸쳐 연구한 CHCCattell-Horn-Carroll 이론은 지능 연구에서 가장 영향력 있는 이론 중 하나이다.

각주 |
요인 분석 (factor analysis) 알지 못하는 특성을 규명하기 위하여 문항이나 변인들 간의 상호 관계를 분석하여 상관이 높은 문항이나 변인들을 묶어서 몇 개의 요인으로 규명하고 그 요인의 의미를 부여하는 통계 방법이다.

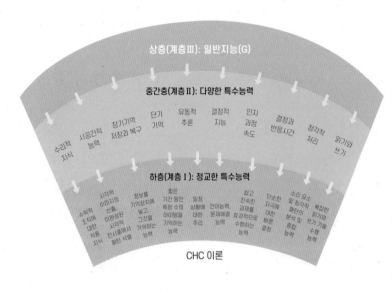

상층(계층Ⅲ): 일반지능(G)

중간층(계층Ⅱ): 다양한 특수능력

수리적 지식　시공간적 능력　장기기억 저장과 복구　단기 기억　유동적 추론　결정적 지능　인지 과정 속도　결정과 반응시간　청각적 처리　읽기와 쓰기

하층(계층Ⅰ): 정교한 특수능력

수학적 조직에 대한 지식　시각적 이미지의 산출, 미완성된 시각적 전시물에서 패턴 식별　정보를 기억장치에 넣고, 그것을 기억하는 능력　짧은 기간 동안 특정 수의 아이템을 기억하는 능력　일정 상황에 대한 추리　언어능력, 문제해결 능력　쉽고 친숙한 과제를 효과적으로 수행하는 능력　단순한 자극에 대한 빠른 결정　소리 요소 및 청각적 패턴의 분석 및 종합 능력　복잡한 읽기와 쓰기 기술 수행 능력

CHC 이론

　그들은 인지 능력에 대한 CHC 이론에서 인지의 최상위 층에는 스피어만의 일반 요인과 같은 일반 지능general intelligence g가 있고, 중간 층에는 유동성 지능과 결정성 지능과 다양하게 관계를 맺고 있는 9~10개 이상의 특수 능력이 있고, 최하위 층은 읽기 속도, 기계에 대한 지식, 수와 연합 등 70여 개 이상의 특수 능력으로 구성되어 있다고 이야기 한다.

　카텔은 인간의 지능을 유동성 지능Fluid Intelligence과 결정성 지능Crystallized Intelligence으로 구분하였다.

유동성 지능은 새로운 문제를 해결할 수 있는 지능이며, 선천적이며 유전적으로 결정된다고 여겨진다. 전반적인 기억력, 암기력, 추리 능력, 문제 해결력 등이 여기에 속한다.

결정성 지능은 시간이 지나면서 쌓이는 지식과 경험을 활용할 수 있는 능력으로 어휘 이해력, 일반적인 지식, 상식, 각종 사회 문화적 스킬 등을 포함한다. 결정성 지능은 교육이나 양육 환경 등에 의해 많은 영향을 받으며 광물이 결정체를 이루듯 자라난다고 말한다.

이 둘은 서로 다르지만 한편으로는 밀접한 관련이 있어 대체로 유동성 지능이 높은 사람이 결정성 지능도 높은 편이라고 한다.

Types of Intelligence

Fluid	vs	Crystallized

Examples

Logic	Vocabulary
Reasoning	Knowledge
Problem Solving	Skills

유동성 지능과 결정성 지능 비교

전미 심리학회 회장이었으며, 코넬 대학교 교수인 로버트 스턴버그Robert J. Sternberg는 지능 삼원론triarchic theory of intelligence을 주장한다. 지능이 크게 세 가지 요소, 즉 분석적인 지능, 창의적인 지능, 실용적인 지능으로 이루어져 있다는 것이다.

분석적인 지능은 과제와 관련된 지식을 얻거나 내가 어느 만큼의 지식을 가지고 있는지 의식하는 메타 인지 능력을 포함하며, 문제 해결을 위해 전략을 사용하고 목표를 위해 자기를 규제할 수 있는 능력을 말한다.

창의적인 지능이란 지금껏 경험해 보지 못했던 새로운 문제를 해결하는 능력과 자신이 가지고 있는 기술 및 전략을 새로운 상황에서 얼마나 변형시켜 적용할 수 있는지에 관련된 능력을 포함한다.

실용적인 지능은 주변 환경과 맥락을 자신에 맞게 선택하거나 조성하는 능력을 포함한다.

스턴버그는 지능이란 몇 개의 하위 요소가 독립적으로 구성되어 있는 것이 아니라, 다양한 영역으로 이루어져 서로 영향을 미치는 복잡한 구조를 가지고 있다고 주장한다.

"천재는 포기를 모르는 재능이다"

- 유민종

"Genius is a talent that never gives up"

- Daniel, Yoo

2. 하워드 가드너의 다중 지능 이론은 틀렸다?

지능 이론 중 최근에 발표된 가장 흥미로운 이론 중 하나
는 하워드 가드너Howard Gardner의 다중 지능 이론이다.

다중 지능 이론

하버드 대학교에서 심리학으로 박사 학위를 받고 보스턴 재향 군인 병원에서 오랜 기간 근무한 후, 1986년부터 하버드 대학교 교육 대학원에서 교수로 재직했던 하워드 가드너는 1983년도에 출간해 베스트셀러가 된 〈마음의 틀 'Frames of Mind : The Theory of Multiple Intelligences'〉이라는 저서를 통해 인간의 지능은 서로 다른 특징을 지닌 여러 유형의 능력으로 구성되어 있다고 주장했다.

예술 교육을 인지 발달에 있어 중요한 활동으로 연구해야 한다고 생각한 넬슨 굳맨Nelson Goodman의 영향을 받은 하워드 가드너는 넬슨 굳맨이 세운 교육 연구 기관인 하버드 프로젝트 제로Harvard Project Zero에서 오랜 시간 인지 분야를 연구했다.

다중 지능은 언어linguistic, 논리 수학logical-mathematical, 공간spatial, 신체 협응bodily-kinesthetic, 음악musical-rhythmic, 대인 관계interpersonal, 자기 이해intrapersonal의 총 7가지 영역으로 구성되어 있다고 주장했으며 이후에 몇 가지 영역을 추가했다.

하워드 가드너의 다중 지능

진화론을 기반으로 하워드 가드너는 어떤 지능이 다중 지능에 포함되기 위해서는 8개의 기준에 부합해야 한다고 말한다. 예를 들면 '두뇌 손상에 의해서 어떤 능력이 없어지거나 제한될 수 있어야 한다', '인간의 진화론적인 역사에서 발견할 수 있어야 한다', '각 지능들은 각각 독립적인 형태로 구분될 수 있어야 한다'등이다.

　이 중 '인간의 진화론적인 역사에서 발견할 수 있어야 한다'의 의미를 살펴보자. 인간의 진화론적인 역사적 관점으로 볼 때, 인간이 언어를 사용하기 전에는 동물처럼 단순한 소리를 통해 의사소통을 했다. 이 때 뛰어난 음악musical-rhythmic능력을 가진 사람은 소리의 높낮이pitch에 민감해 정확한 소리를 낼 수 있었고, 이는 의사소통에 중요한 강점으로 작용해 생존을 위한 문제 해결력에 직접적인 영향을 미쳤다는 것이다. 그러므로 높은 음악musical-rhythmic능력은 문제 해결력과 연관되어 있기 때문에 지능에 포함되어야 한다는 것이다.

　가드너의 다중 지능 이론은 많은 대중들과 언론으로부터 큰 반응을 얻었지만, 심리학계, 교육학계의 많은 학자들로부터 '소리에 민감한 능력'을 재능이 아닌 지능으로 정의한다는 사실, 일반적인 지능인 g요인을 부정한다는 사실, 마치 잘라진 피자 조각처럼 각각 능력이 서로 영향을 주고 받지 않은 독립적 지능이라고 주장하는 사실, 인지 측정에 대한 막연함 등의 이유로 많은 비판도 받고 있다.

3. 지능은 정말 중요한가?

지능에서 중요한 언어 능력, 논리 수학 능력, 공간 능력 같은 능력들은 현재의 IQ 검사를 통해 측정할 수 있다. 그런데 정말로 지능으로 사람들의 성공 가능성을 예측할 수 있을까?

벨 커브

베스트셀러 저자이자 하버드 대학교 심리학과 교수인 리차드 헌스타인Richard Herrnstein과 정치학자 찰스 머레이Charles Murray는 1994년 발간된 〈벨커브THE BELL CURVE〉에서 IQ가 삶의 중요한 성공 요소라고 주장했다.

리차드 헌스타인은 1970년대 청년을 대상으로 실시된 전국 종단 조사에서 미군 입대 자격시험The Armed Forces Qualification Test으로 IQ를 측정한 자료를 근거로 사용했다. 중산층 이상의 가정에서 형제 간 IQ가 차이가 있는 경우를 조사 대상으로 선정하고, 수년이 지나 이들이 성인이 되었을 때 소득을 비롯한 여러 사회 지표들을 연구한 것이다.

IQ	소득(달러)
IQ가 매우 높은 형제(120이상)	70,700
IQ가 높은 형제(110-119)	60,500
준거 집단(90-109)	52,700
IQ가 낮은 형제(80-89)	39,400
IQ가 매우 낮은 형제(80이하)	23,600

<표> 동일한 중산층 가정 출신 형제들의 IQ와 소득 수준 관계

결론적으로 같은 부모 아래서 태어나 유사한 유전적 성질과 양육 환경을 가진 중산층 가정의 형제들이 IQ에 따라 큰 차이의 소득 격차를 보인다는 사실을 발견한 것이다. 즉 가족의 사회 경제적 지위보다 IQ가 미래에 얻을 소득에 더 영향을 미친다는 결론을 도출한 것이다.

IQ는 유전적인 영향보다는 유아기부터 지속적인 교육과 노력에 의해 계발된 것이므로 IQ가 높은 사람이 낮은 사람보다 높은 소득을 얻는다는 것은 어찌보면 당연한 결과라고 할 것이다.

"인생은 배우는 경험이다, 당신이 배워야 한다"

- 요기 베라

"Life is a learning experience, only if you learn."

- Yogi Berra

4. 생물학적 유전 천재

천재에 대해 연구하는 학자들은 '천재가 타고나는 것이냐 아니면 만들어지는 것이냐'의 문제에 대한 해답을 간절히 찾고 싶어 한다.

이 문제를 처음으로 체계적으로 연구한 프란시스 갈톤 Francis Galton, 1822-1911은 1869년 〈유전적 천재Hereditary Genius〉라는 제목의 저서에서 창의를 만드는 천재의 속성은 선천적으로 유전된다고 주장했다.

그는 천재를 '선천적 능력natural ability의 양이 예외적으로 많은 사람'이라고 정의한다. 천재의 기준을 '선천적 능력'으로 삼고 있다는 것은 결국 천재는 유전의 결과라는 것이다.

갈톤이 이러한 주장을 하게 된 가장 큰 이유는 다양한 영역에서 뛰어난 성취를 보인 사람들의 가계도에 대한 방대한 리스트를 분석한 결과 때문이었다. 역사적으로 뛰어난 인물들 중 절반은 천재성을 가진 아버지나 가까운 친척이 있었다는 것이다.

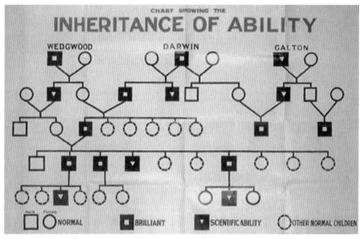

<CHART SHOWING THE INHERITANCE OF ABILITY>

WEDGWOOD   DARWIN   GALTON

NORMAL   BRILLIANT   SCIENTIFIC ABILITY   OTHER NORMAL CHILDREN

<유전적 천재>에서

예를 들면 갈톤 자신은 진화론의 창시자인 찰스 다윈의 사촌이며 찰스 다윈은 초기 진화론자인 에라스무스 다윈의 손자였다. 또한 찰스 다윈에게는 천문학, 식물학, 우생학 그리고 토목 분야에서 두각을 나타낸 4명의 유명한 아들이 있었다.

갈톤은 자신의 연구를 통해 부모가 천재 수준의 선천적 능력을 갖고 있다면 그들의 자녀는 일반적인 부모의 자녀보다 천재가 될 확률이 높다고 결론 내렸다. 학자들의 연구 결과가 아니더라도 천재로 인정받는 가족들이 있다는 사실은 천재성이 유전의 영향이라고 믿게 한다.

우선 과학 분야에서의 노벨상 수상자들을 살펴보자. 노벨상이 시작된 1901년 이후, 아버지와 아들이 노벨상을 수상한 경우는 6번 있었다. 가장 최근의 수상은 콘버그 부자이다. 아버지인 아서 콘버그Arthur Kornberg, 1918-2007는 세포가 분열할 때 DNA의 복제 과정을 규명한 공로로 1959년에 노벨 생리의학상을 받았으며, 아들인 로저 콘버그Roger D. Kornberg, 1947- 는 DNA에서 RNA가 합성되는 전사 과정을 규명하여 2006년 노벨 화학상을 수상했다.

　　아버지와 아들 이외에 어머니와 딸도 한 차례 수상한 바가 있었는데 어머니인 마리 퀴리Marie Curie, 1867-1934는 방사능의 발견으로 1903년 노벨 물리학상을, 라듐의 발견으로 1911년 노벨 화학상을 수상했고, 그녀의 딸 이렌 퀴리Irène Joliot Curie, 1897-1956는 인공 방사성 원소의 합성으로 1935년 노벨 화학상을 수상했다.

　　형제가 수상한 경우도 있다. 형인 얀 틴베르헨Jan Tinbergen, 1903-1994은 계량 경제학을 발전시킨 공로로 1969년 노벨 경제학상을 수상했고, 그의 친동생인 영국의 동물학자 니콜라스 틴베르헨Nikolaas Tinbergen, 1907-1988은 1973년 노벨 생리의학상을 수상했다.

삼촌과 조카가 수상한 경우도 있다. 인도의 물리학자인 찬드라세카라 라만Chandrasekhara Venkata Raman, 1888-1970은 라만 효과를 발견한 공로로 1928년 노벨 물리학상을, 그의 조카인 수브라마니안 찬드라세카르Subrahmanyan Chandrasekhar, 1910-1995는 별의 진화연구에 관한 업적으로 1983년 노벨 물리학상을 수상하였다.

얼핏 이들의 수가 많아 보이지 않을 수도 있지만, 노벨상을 수상할 확률 자체가 매우 낮다는 것을 생각하면, 이를 근거로 천재성이 유전된다고 주장하는 것이 터무니없는 일은 아니다.

바흐Bach의 가계를 살펴보면 음악 분야에서도 천재성에 대해 유전의 영향을 무시하기 힘들다는 것을 알 수 있다. 바이트 바흐Veit Bach, 1577-1619부터 요한 크리스찬 바흐Johann Christian Bach, 1735-1782까지 7대에 걸쳐 60여 명의 뛰어난 음악가가 바흐의 집안에서 배출되었다 (Vernon, 1989).

하지만 이것만으로는 천재가 생물학적 유전의 산물이라고 단정지을 수는 없다. 천재가 타고난 생물학적 유전에 영향을 받는다고 결론 내리기 위해서는 어느 분야에서 뛰어난 성과를 만드는 것이 후천적인 노력이 아니라 타고난 재능이나 지능 때문이라는 것을 확인해야 하기 때문이다.

왜냐하면 아버지와 아들이 노벨상을 수상했다 하더라도 그 이유가 아버지로부터 물려받은 재능이나 지능보다는, 평소 아버지의 교육을 통해 만들어진 습관이나 태도 등의 환경적인 영향을 크게 받았을 가능성 또한 배제할 수 없기 때문이다.

따라서 천재성이 생물학적 유전의 결과라고 결론 내리기 위해서는 유전적 요소가 천재를 만드는 재료라고 가정하고 유전만으로는 설명할 수 없는 재능, 지능, 창의의 상관 관계에 대해 규명을 해야 할 것이다.

"모든 사람은 천재성을 갖고 태어나지만,
대부분의 사람은 그것을 단지 몇 분 간만 유지한다."

- 에드가 바레즈

"Everyone is born with genius,
but most people only keep it a few minutes."

- Edgard Varese

5. 사회적 유전 천재

　앞서 살펴보았던 유전 연구의 고전인 갈톤의 〈유전적 천재〉가 출간된 몇 년 후, 스위스의 식물학자인 드 캉돌Alphonse de Candolle, 1806-1893은 1873년 갈톤의 주장과는 상반되는 입장의 방대한 조사 결과를 발표했다.

드 캉돌

드 캉돌은 천재라는 사람들은 특별한 정치적, 사회적, 문화적, 교육적, 종교적 조건 속에서 많이 나타났다고 말한다. 즉 천재성을 계발할 수 있는 특별한 성장 환경이 유전적 요인보다 더 중요하다는 것이다.

그는 천재가 유전되는 경향이 있는 것처럼 보일 수는 있지만 이는 생물학적으로 어떠한 특질이 유전되는 것이 아니라, 그들이 뛰어난 성취를 이루기에 적합한 비슷한 환경 속에서 성장하기 때문이라고 주장한다 (Simonton, 2009).[*]

그렇다면 환경도 유전처럼 아이가 부모를 닮게 하는 요인이 될 수 있을까?

사실 부모와 아이가 비슷한 특성을 보이는 데에는 유전뿐만 아니라 환경의 영향 역시 무시할 수 없다. 예를 들면 음악에 관심이 많은 부모 밑에서 자라는 아이는 음악에 관련된 폭넓은 경험을 할 것이고 이로 인해 음악에 뛰어난 수행을 보일 가능성이 높아질 것이기 때문이다.

각주 |
Simonton, D. K. (2009). Genius 101.

과학 분야에서도 비슷하다. 과학자 집안에서 자란 아이는 어려서부터 과학과 관련된 책과 장난감을 접할 기회가 많았을 것이다. 더욱이 부모의 친구들도 과학자일 가능성이 높기에 이들이 과학과 관련된 긍정적인 자극을 꾸준히 받았을 확률 또한 높다.

'황금기Golden Age'는 특정한 시대에 특정한 지역에서 예술이나 과학 분야의 창의적인 사람들이 많이 배출되는 현상을 의미한다.

기원전 4-5세기 동안 고대 그리스에서는 저명한 극작가와 철학가, 조각가가 많이 배출되었다. 14세기 르네상스 기간에 천재적인 화가와 건축가 그리고 작가들이 대부분 이탈리아 북부에서 나왔다. 이처럼 특정 시기에 특정 지역에서 천재성을 갖춘 사람들이 무수히 배출되는 현상은 유전적 요인만으론 도저히 설명될 수 없다 (Vernon, 1989).[*]

각주 |
Vernon, P. E. (1989).
The nature-nurture problem in creativity.

그렇다면 앞서 제시했던 노벨상의 경우는 어떨까? 아버지와 아들 혹은 어머니와 딸, 형제 간 혹은 삼촌과 조카가 나란히 노벨상을 받았다는 것은 천재 유전자가 존재한다는 증거로 읽히는 것이 사실이다.

하지만 1977년 미국의 사회학자인 해리엇 주커만Harriet Zuckerman은 〈과학에서의 엘리트Scientific Elite〉라는 그의 저서를 통해 매우 흥미로운 사실을 보여주었다. 그는 1907년부터 1972년까지 과학 분야에서 노벨상을 수상한 사람들을 분석한 결과 노벨상 수상자들 사이에는 '사회적 유전'이라 부르는 스승과 제자 간의 관계가 많았다는 사실을 밝혀냈다.

해리엇 주커만

예를 들어, 1904년 노벨 물리학상 수상자 존 레일리John William Rayleigh, 1842-1919의 제자인 조셉 톰슨Joseph John Thomson, 1856-1940은 1906년 노벨 물리학상을 받았으며 조셉 톰슨의 제자 중 8명이 노벨상을 수상했다.

그들 중 어니스트 러더퍼드Ernest Rutherford, 1871-1937는 원자핵을 발견한 공로로 1908년에 노벨 화학상을 수상했는데, 러더퍼드의 제자들 중에는 1922년에 노벨 물리학상을 받은 닐스 보어Niels Henrik David Bohr, 1885-1962를 포함해 노벨상 수상자가 무려 11명이나 된다.

닐스 보어 역시 여러 명의 노벨상 수상자를 배출했는데, 그 중의 한 명이 1931년 불확정성 원리로 노벨 물리학상을 수상한 하이젠 베르크Werner Karl Heisenberg, 1901-1976이다.

이처럼 '황금기'라는 것이 존재하고 뛰어난 업적의 원인이 가족 관계가 아닌 스승과 제자의 관계로도 해석될 수 있다는 사실은 '천재는 유전적으로 결정되는 것이 아니라 특정한 환경이나 조건이 만들어 내는 것이다.'는 주장을 가능하게 한다.

"천재는 거대한 인내일 뿐이다. "

- 조르주 루이 르클레르 뷔퐁

"Genius is nothing but a great capacity for patience."

- Georges-Louis Leclerc Buffon

6. 천재적 재능은 원인이 아닌 결과

최근 리서치 결과들은 천재성 또는 높은 지능이 유전보다는 사회 문화적 환경에 더 큰 영향을 받는다고 말하고 있다.

그럼에도 많은 천재들이 가지고 있는 특별한 재능이나 높은 지능은 어떻게 해석될 수 있을까? 이제 '무엇이 천재를 만드는가?'에 대한 명백한 결론을 위해 천재성을 만드는 직접적인 재료라고 여겨지는 재능과 지능에 대해 다시 한 번 생각해 보기로 하자.

모차르트나 레오나르도 다빈치의 작품을 바라볼 때 우리는 타고난 재능 위에 이런 결과가 나온 것이라고 믿고 있다. 그렇다면 재능 없이 창의적인 산물을 만들어 낸 사례는 없는 것일까?

사실 재능이 없어도 천재적 결과물을 만들어 낸 경우 또한 빈번하다 (Mey, 1995; Howe, 1999).[*]

각주 |
Mey, P. (1995). Courage to create. A sketch of psychology of creativity.

마이클 호위 (Michael J. A. Howe, 1999)[*]는 〈설명 가능한 천재Genius explained〉 보고서에서 음악 분야에 있어 어린 시절 보였던 뛰어난 재능이 성인이 되었을 때의 창의적 성취를 보장하거나 예측하지 않는다고 단언한다. 그는 '천재의 특성을 천부의 재능'이라고 정의한 칸트의 주장은 순수한 신화이거나 미친 미신이라고 말한다.

쿠친 (Kuzin, 1999)[*] 역시 재능을 가지고 태어났다고 하더라도 그 재능에 대해 열심히 훈련하지 않거나 노력하지 않는다면 더 이상의 발전은 어렵다고 설명한다.

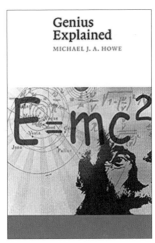

설명 가능한 천재

각주 |
Howe, M. J. A. (1999). Handbook of Creativity.
Kuzin, V. S. (1999). Psychology.

천재적 결과물의 원인이 재능 자체가 아닌 연습과 노력 때문이라는 연구 결과는 무수히 많다. 피나는 연습과 노력이 필요한 것은 학문 분야에만 국한되는 것은 아니다. 일반적으로 재능이 있어야만 높은 성취를 이룰 수 있다고 생각하는 작곡이나 연주 혹은 스포츠 분야에 있어서도 마찬가지이다.

재능이 반드시 필요하다고 생각되는 분야에서의 성취 수준의 차이도 재능보다는 연습을 바탕으로 한 전문성의 차이에서 기인한다는 것이다 (Howe, Davidson, & Sloboda, 1998; Sloboda, 1996).[*] '평범한 개인들도 도달할 수 있는 수준에는 제한이 없다'는 에릭슨 (Ericsson, 1999)의 연구 결과 또한 높은 성취가 재능보다는 연습과 노력의 결과라는 것을 보여준다.

각주 |
Howe, M. J. A., Davidson, J. W., & Sloboda, J. A. (1998). Innate Talents: Reality Or Myth?
Ericsson, K. A., Krampe, R. T., &Tesch-Römer, C. (1993). The role of deliberate practice in the acquisition of expert performance.
Charness, N., Tuffiash, M., Krampe, R., Reingold, E., &Vasyukova, E. (2005). The Role of Deliberate Practice in Chess Expertise.

에릭슨과 동료 연구자들은 약 30년에 걸쳐서 이전에 인지 분야에서 잘 다루지 않았던 '전문적 지식과 기술은 어떻게 얻어지는가'에 대해 깊이 있게 연구했다. 전문적 지식들과 기술들이 인지, 연습, 끈기, 태도, 일대일 교수법 등과 어떤 관련이 있는지를 음악 (Ericsson et al, 1993), 체스 (Charness et al., 2005), 과학 (Holmes, 1996), 예술 (Winner, 1996,) 축구 (Helsen et al., 2000)[*], 컴퓨터 프로그래밍 등의 분야에 걸쳐 다양하게 연구를 진행한 것이다. 그 과정에서 그들의 눈 움직임, 근육 반응, 회전, 타격, 심장 기능, 백질, 회질, 기억 등을 수 년간 에 걸쳐 자세히 측정하고 기록하여 정리했다.

이러한 연구 과정을 통해 에릭슨과 동료 연구자들은 천재는 환경적 영향의 산물이라고 자연스럽게 결론짓게 되었다. 그리고 이들이 공통적으로 주장하는 가장 결정적인 환경적 영향은 의도적인 신중한 연습deliberate practice이다. (Ericsson, Krampe, &Tesch-Romer, 1993[*]; Starkes, Deakin, Allard, Hodges, & Hayes, 1996)[*].

각주 |
Ericsson, K. A., Krampe, R. T., &Tesch-Römer, C. (1993). The role of deliberate practice in the acquisition of expert performance.
Starkes, J. L., Deakin, J. M., Allard, F., Hodges, N. J., & Hayes, A. (1996). Deliberate practice in sports: What is it anyway?
Helsen, W. F. (2000). The roles of talent, physical precocity and practice in the development of soccer expertise.

PEAK

SECRETS FROM
THE NEW SCIENCE
OF EXPERTISE

Anders Ericsson
and Robert Pool

"[Peak] offers an optimistic anti-determinism that ought to influence how people
educate children, manage employees, and spend their time. The good
news is that to excel one need only look within." —*THE ECONOMIST*

의도적인 신중한 연습에 관한 저서
<PEAK>

그렇다면 이제부터 우리는 '천재는 어떠한 지능을 갖고
있는가'보다는 자기 분야에서 '천재가 될 수 있는 방법은 무
엇인가'를 찾는데 초점을 맞춰야 하지 않을까? 그것이 '천재
성'에 대해 접근하는 올바른 방향이 아닐까?

그럼 재능이 천재성을 나타내는 원인이 아닌 결과라면 지능은 어떨까?

우리가 창의적인 천재란 유전적으로 결정된다는 믿음을 갖는 가장 큰 이유는 앞서 설명한 것처럼 지능이 창의적 성취를 만드는 데 어떤 식으로든 관여하기 때문이다. 즉 지능이 생물학적으로 유전되는 것이기에, 창의적인 천재는 생물학적으로 유전된다는 논리가 설득력을 갖게 되는 것이다.

그러나 현존하는 과학자들을 대상으로 한 깁슨Gibson과 라이트 (Light, 1967)의 연구*는 천재적인 성취를 이루는 데 지능만이 결정적인 역할을 하는 것은 아니라는 사실을 보여준다. 이들은 매우 큰 업적을 남긴 131명의 과학자들의 IQ를 측정하였는데 과학자들의 웩슬러 지능검사WAIS: Wechsler Adult Intelligence Scale 점수는 평균 126.5였다.

여기서 주목해야 할 것은, 대부분의 과학자들의 IQ가 130 아래라는 점이다. 물론 이들이 평균 이상인 것은 사실이지만 그렇다고 해서 우리가 생각하는 것처럼 엄청난 IQ를 가진 사람들은 아니라는 것이다.

각주 |
Gibson, J., & Light. F. (1967). Intelligence among university students

맥키논 (MacKinnon, 1962)을 비롯하여 많은 학자들이 주장하는 임계치 가설threshold hypothesis은 천재성을 발현하는데 IQ는 결정적인 것이 아니라는 사실을 암시한다. 임계치 가설이란 어느 지점까지는 상관을 보이는 두 변인의 관계성이 그 지점을 넘어서면 더 이상 관련성을 보이지 않는 그러한 지점, 즉 임계치가 존재한다는 가설이다.

천재적 성취와 지능이 이러한 임계치 가설에 부합된다고 주장하는 사람들은 대개 천재성과 지능의 임계치를 IQ 120 정도로 보고 있다. 그리고 IQ 120의 의미는 천재성을 유전적으로 물려받지 않아도 교육과 노력에 의해 충분히 달성할 수 있는 숫자라는 것이다.

각주 |
Mac kinnon, D. W.(1962). The nature and nurture of creative talent

생각
노트

타고난 천재 교육된 천재

The Insanely Great Story ;
Intelligence, Education, Assessment

2부

누구나 천재가
될 수 있다

Part 1

천재를
만드는 토대

알버트 아인슈타인 Albert Einstein, 1879-1955

"미친 짓이란 매번 똑같은 행동을 반복하면서 다른 결과를 기대하는것이다. (Insanity: doing the same thing over and over again and expecting different results.)"

아인슈타인은 세 살이 다 되도록 말을 제대로 하지 못했다. 초등학교 때 교사에게 야단맞기 일쑤였고, 학업 성적도 좋지 않았다. 숙제도 안 한 채 학교에 가는 일이 부지기수였다는 것은 잘 알려진 사실이다.

알버트 아인슈타인

　그런 그가 1905년 물리적 시공간에 대한 기존 입장을 근본적으로 변화시키는 특수 상대성 이론을 발표했다. 이는 당시 지배적이었던 갈릴레이, 뉴튼의 역학을 송두리째 흔들어 놓았다. 그리고 1916년 일반 상대성 이론을 발표한 아인슈타인은 인류 역사상 가장 위대한 물리학자, 천재 중 천재라는 명성을 얻었다.

　아인슈타인도 천재로 태어난 것이 아니라 천재로 교육된 것이었다.

2008년, 말콤 글래드웰*Malcolm Gladwell은 일반인의 범주를 뛰어넘는 천재라는 의미의 〈아웃 라이어〉를 출간해 베스트셀러가 됐는데, 이 책의 바탕이 된 이론을 제공한 심리학자 앤더스 에릭슨*Anders Ericsson은 다양한 연구와 논문을 통해 천재가 될 수 있는 본성적 토대는 누구나 가지고 있다고 말한다.

각주 |
말콤 글래드웰
영국에서 태어나 토론토 대학교와 트리니티 대학교에서 역사학을 공부했다.
1999년 '내셔널 매거진 어워드' 수상, 2005년 <타임> '가장 영향력 있는 100인'에
선정된 베스트셀러 작가이자 저널리스트이다.
앤더스 에릭슨
<1만 시간의 법칙> 이론의 창시자이자 플로리다 주립대학의 심리학 교수이자 콘
라디 석좌교수. '1만 시간의 연습량'보다는 어떻게 연습하는가의 '의식적인 연습
(deliberate practice)'이 더 중요하다고 함.

"목적 의식이 있는 연습은
명확하고 구체적인 목표가 있다."

- 앤더스 에릭슨

"Purposeful practice has well-defined, specific goals."

- Anders Ericsson

1. 뇌 가소성이 천재를 만든다

천재가 후천적으로 만들어지는 것이라면 어떻게 천재가
될 수 있을까?

지난 100년 간 뇌 과학자들은 이를 위해 끊임없이 연구
했고, 가장 대표적인 연구 성과 중 하나인 '뇌의 가소성*Brain-
Plasticity'이 이 질문에 대한 그들의 답이었다. 쉽게 말해 '뇌는
훈련하면 변화, 발전한다'는 것이다.

시각 장애인들은 대부분 시각 관련 뇌신경보다는 눈이나
시신경의 문제 때문에 보지 못한다. 그래서 시각 장애인들은
시각 피질*Visual cortex을 거의 사용하지 않는다.

그러나 시각 장애인들이 손끝으로 더듬어 점자를 읽을
때 MRI로 그들의 뇌를 관찰하면, 놀랍게도 시각 피질이 활성
화되는 것을 알 수 있다. 정상인이 눈을 통해 얻는 정보를 시
각 피질로 처리한다면 시각 장애인은 손끝 감각에서 얻은 정
보를 시각 피질이 처리하도록 뇌가 변화하고 발전한 것이다.

각주 |
가소성 생체가 외부 변화에 대응하여 정상 상태를 유지하는 성질
시각 피질 시각 정보를 처리하는 신피질 영역으로 후두엽에 해당한다.

영국 유니버시티 칼리지 런던University College London의 신경과학자인 엘리너 맥과이어Eleanor MacGuire교수는 2000년 8월 〈런던의 택시 운전사에 대한 초기 연구〉를 발표했다.

런던의 도로는 거미줄처럼 복잡하다. 엘리너 맥과이어 교수는 MRI를 이용해 런던의 택시 운전사들과 버스 운전사들의 해마의 크기를 촬영해 보았다. 그 결과 동일 노선을 반복해서 다니는 버스 운전사들보다 항상 최적의 경로를 찾으려고 노력하는 택시 운전사들의 해마가 크다는 사실을 발견했다. 그리고 택시 운전 경력이 많을수록 해마* 뇌세포 부위가 커지는 것도 알게 되었다.

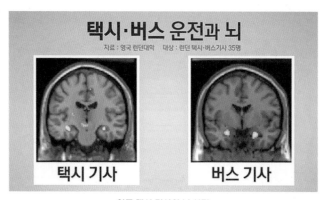

영국 택시 기사의 뇌 사진

각주 |

해마 (hippocampus) 관자엽의 안쪽에 위치하면서 학습, 기억 및 새로운 것의 인식 등의 역할을 한다.

미국 앨라배마 주립대학교 에드워드 타웁Edward Taub박사는 오른손잡이 바이올린 연주자 6명과 첼로 연주자 2명 그리고 다른 현악기 연주자 1명의 뇌를 MRI를 이용해 촬영했다. 그 결과 왼손의 엄지를 제외한 네 손가락을 관장하는 뇌의 크기가 일반인보다 훨씬 큰 것을 발견하고 1995년 사이언스Science 지에 〈Increased Cortical Representation of the Fingers of the Left Hand in String Players〉 논문을 발표했다.

하두정소엽Parietal lobule은 수학 계산과 공간 속 물체를 시각화하는 데 중요한 역할을 한다. 추상적인 지적 활동을 하는 수학자들의 뇌는 일반인에 비해 하두정소엽의 회백질 양이 매우 많다. 수학자로서의 경력이 많을수록 해당 부위가 커지는 것을 확인할 수 있다. 아인슈타인도 이 영역이 크게 발달했다고 학자들은 말한다.

정말 놀라운 일이 아닌가? 두뇌를 꾸준히 사용하면 두뇌가 발전한다. 심지어 이미 어떤 용도로 정해져 있는 뇌신경세포라도 훈련을 통해 다른 용도로도 사용이 가능한 것이다. 웨이트 트래이닝을 통해 근육이 커지듯이 두뇌도 훈련을 통해 커지고 고도화 된다는 사실은 '모든 아이들은 천재다'라는 명제가 옳다는 과학적 증거인 것이다.

"선택을 하면 미래가 바뀐다"

- 디팩 초프라

"When you make a choice, you change the future."

- Deepak Chopra

2. 천재 만드는 10년의 법칙

현대 뇌 과학자들이 뇌 가소성Brain Plasticity을 통해서 내 자녀를 천재로 키울 수 있다고 말했다면 심리학자와 교육학자들은 어떤 이야기를 하고 있을까?

천재적 결과물을 만든 사람들에게 발견되는 공통점은 아마도 '10년의 법칙 (Hayes, 1981; Weisberg, 1999)[*]'일 것이다. '10년의 법칙'이란 창의적인 업적을 이룬 사람들은 그들의 재능이나 지능과 상관없이 자신의 분야에서 최소한 10년 정도 종사한 사람들 이라는 것이다.

각주 |

Hayes, J. R. (1981). The complete problem solver.
Weisberg, R. W. (1999).
Creativity and Knowledge: A Challenge to Theories.
Questioning Chase and Simon's (1973)
"Perception in Chess": The "experience recognition" hypothesis

체스Chess 선수에 대한 연구로 유명한 체이스와 사이먼은 체스에서 세계적인 수준의 실력에 도달하려면 누구든 최소한 10년을 체스에 깊이 몰입해야 한다고 결론짓는다 (Chase & Simon, 1973). 그들의 연구에 따르면, 체스 고수는 게임에서 실제 일어날 수 있는 약 5만 개 정도의 패턴을 알고 있다. 드 그루트 (de Groot, 1965)[*]는 실험을 통해 체스 고수들이 실제로 이러한 패턴을 이용해 게임의 형세를 회상한다는 사실을 알아냈다.

음악의 경우 '음악적 성취 수준은 재능이 아닌 연습 수준에 비례한다'고 슬로보다 (Sloboda, 1996)[*]는 결론을 지었다. 음악에 뛰어난 능력을 보이는 집단은 평균적으로 매일 2시간 정도를 연습한 반면, 도중에 그만두는 집단은 그만둘 때까지 평균 15분 정도만 연습했던 것으로 나타났다. 두 집단 간의 연습 시간의 차이는 거의 800%이다. 날마다 두 시간 이상 연습한 학생들 가운데 낮은 성취를 보이는 학생은 아무도 없었다는 사실에 주목하자.

각주 |
de Groot, A. (1965). Thought and choice in chess.
Sloboda, J. A. (1996).
The acquisition of musical performance expertise: Deconstructing the "talent" account of individual differences in musical expressivity.

통계적으로 성공한 음악가들은 어릴 때부터 대략 10년에서 15년 정도 집중적인 정규 훈련을 받는다. 이는 어릴 때부터 청년 초기까지 최소 1만 시간 이상을 연습한다는 것을 의미한다. (Krampe & Ericsson, 1996)[*]이런 이유로 '10년의 법칙10-year-law'을 '1만 시간의 법칙' 또는 '2만 시간의 법칙'이라 부르기도 한다.

각주 |
Krampe, R. T., & Ericsson, K. A. (1996).
Maintaining excellence: deliberate practice and elite performance in young and older pianists.

록밴드 비틀즈The Beatles는 미국뿐 아니라 전 세계에서 혁명적인 변화를 이끈 가장 유명한 음악 밴드 중의 하나이다.

존 레논John W. Lennon, 1940-1980, 폴 매카트니James Paul McCartney, 1942- , 조지 해리슨George Harrison, 1943-2001, 링고 스타 Ringo Starr, 본명Richard Starkey, 1940- 로 구성된 비틀즈는 영국을 떠나 1964년 2월에 미국에 도착한다. 그 후 대중 음악의 형태를 뒤바꿔 놓은 히트 음반들을 속속 출시한다.

비틀즈 (The Beatles)

미국에서 한 번의 실패도 없이 성공에 성공을 거듭한 비틀즈의 성공 비결은 무엇일까? 운이 좋아서였을까? 아니면 이들이 타고난 천재들이었기 때문일까?

비틀즈의 성공 역시 10년의 법칙에서 벗어나지 않는다. 존 레논과 폴 매카트니는 미국에 오기 7년 전인 1957년부터 함께 연주하기 시작했고, 그들의 최고 걸작으로 꼽히는 〈Sgt. Pepper's Lonely Hearts Club Band〉라는 앨범이 출시되는 시점은 그들이 함께 연주하기 시작한 때부터 대략 10년이 지난 시점이었다.

그들의 초창기 10년이 어땠는지 알아보기 위해 비틀즈의 함부르크 시절로 잠깐 돌아가 보자. 1960년, 비틀즈가 그저 열심히 노력하는 고등학교 록 밴드에 불과할 때 그들은 독일 함부르크의 초라한 클럽으로부터 초대를 받는다.

비틀즈의 전기 작가인 필립 노먼Philip Norman은 2004년에 발간된 〈샤우트Shout!〉에 함부르크 시절 비틀즈는 1년 6개월 동안 하루에 8시간 이상씩 연습하고 연주했다고 기록했다. 이것이 평범했던 비틀즈가 함부르크에서 돌아왔을 때 아주 다른 밴드가 되어 있었던 이유이다.

John Lennon, left, Paul McCartney and George Harrison on stage in May 1962 at the Star-Club in Hamburg. (K&K Ulf Kruger OHG / Redferns)

존 레논 스스로도 '우리가 영국 리버풀의 클럽에 그대로 있었다면 하루에 한 시간 밖에 연주할 기회가 없었겠지만 함부르크의 클럽에서는 하루에 무려 8시간을 쉼 없이 연주했다. 그리고 그 많은 시간을 연주하기 위해서 수 만 개의 곡들을 연습해야 했다. 함부르크는 우리가 사람들 앞에서 어떻게 연주해야 할지를 가르쳐 준 곳이다. 그런 과정을 통해서 우리는 더 뛰어난 연주 실력과 자신감을 갖게 되었다' 라고 말했다.

평범한 밴드였던 그들이 서로 쳐다보지 않아도 완벽한 호흡으로 노래하고 연주하는 전설의 밴드가 된 것은 함부르크에서 쏟은 피나는 노력과 인내의 결과였던 것이다.

3. 의도된 신중한 연습 (Deliberate Practice)

우리가 천재라고 믿는 사람들이 만든 위대한 업적들은 끊임없는 노력과 연습의 결과였다. 그렇다면 그들은 도대체 어떻게 연습했을까?

'어떻게 자기 분야에서 전문가가 될 수 있는가?' 라는 질문에 평생 매달린 심리학자 앤더스 에릭슨Anders Ericsson은 자신의 논문 〈베를린 음악학교〉에서 영감을 받아 말콤 글래드웰이 만든 '1만 시간의 법칙'에 핵심 메시지가 빠져 있다고 생각한다.

앤더스에릭슨 박사

〈1만 시간의 재발견 (PEAK: Secrets from the New Science of Expertise)〉이라는 책까지 출간하면서 단순히 1만 시간의 연습만으로는 전문가가 될 수 없다고 밝힌 앤더스에릭슨은 '1만 시간은 그저 평균 연습량일 뿐이다. 연습의 양도 중요하지만 핵심은 어떻게 연습하느냐이다'라고 말한다.

그는 최고의 성과를 내려면 '의도된 신중한 연습Deliberate Practice'이 필요하다고 강조한다. 노력에 배신당하지 않으려면 단순 반복적인 무식한 연습이 아니라, 의도적이고 영리한 연습으로 옮겨가야 한다는 것이다. 이에 대해 에릭슨이 제시한 구체적인 방법은 아래와 같다.

PUSH BEYOND

안락 지대에서 벗어나게 하라

HIGH-QUAITY FEEDBACK

좋은 피드백을 받아라

SPECIFIC GOALS

구체적인 목표를 세워라

MENTAL MODEL

연습의 어려움을 인정하라

HEALTHY BODY

건강한 육체로 관리하라

□ 자신의 안락 지대(comfort zone)에서 벗어나라.

10년 동안 정확히 같은 방식으로 같은 곡들을 반복해서 연습한 피아노 연주자가 있다고 생각해보자. 그는 '10년의 법칙' 그리고 '1만 시간'에 도달했을지 모르지만 최고의 전문가는 되지 못할 것이다. 도전이 빠졌기 때문이다. 이전과 다른 새로운 목표에 도전하면 새로운 난관에 부딪힐 것이고 이를 극복하기 위해서는 '기존과 다른 방법'을 시도해야 한다. 이것이 바로 실력을 향상시키는 '의도된 신중한 연습'인 것이다.

□ 실력 향상에 도움이 되는 커리큘럼과 피드백 줄 수 있는 교사가 필요하다.

무언가 시작할 때는 계획된 커리큘럼을 따라가면서 교사나 코치로부터 좋은 피드백을 받는 것이 필요하다. 이런 과정을 통해 경험과 실력이 차츰 쌓이면서 본인의 학습과 훈련을 스스로 모니터링 할 수 있게 될 것이다.

□ 구체적인 목표를 가지고 혼자서 연습한다.

베를린 음악 학교 학생들을 보통, 우수, 최우수 평가로 가르는 가장 중요한 차이는 다른 사람과의 연습, 교사의 지도, 음악 듣기, 이론 학습 시간보다는 구체적인 목표를 세우고 혼자서 계획적이고 강도 있는 훈련을 얼마나 했느냐에서 발생했다.

□ 의도적 신중한 연습은 어렵다는 것을 인정해라.

평범한 학생들이 '편안하게 연습했어요. 즐거웠어요'라고 말할 때, 최상급 학생들은 '좀 괴롭지만 견딜 만해요'라고 말한다. 독일 최고의 베를린 음악 학교에 재학 중인 학생들 중에서 최우수 평가를 받는 학생들조차 연습을 하는 것을 정말 재미있다고 생각하지 않는다. 실력 향상을 위한 연습은 어렵다고 인정해야 한다.

□ 건강한 신체 관리가 중요하다.

주로 음악 활동을 하는 베를린 음악 학교는 학생들에게 충분한 수면을 권장한다. 우수한 학생들의 다수가 오전 연습 끝나고 오후에 낮잠을 자곤 한다. 의도적인 신중한 연습에 집중하기 위해서는 많은 에너지가 필요하기 때문이다.

4. 천재의 또 다른 방식, 몰입적 사고

"나는 17세 이후, 33년 동안 매일 아침 거울을 보면서 물었다. 오늘이 내 인생의 마지막 날이라면 지금 하려는 일을 할 것인가? 인생의 중요한 순간마다 곧 죽을지도 모른다는 사실을 명심하는 게 내 삶의 가장 중요한 도구가 됐다."

-스티브 잡스, 스탠퍼드대학교 졸업식에서-

"나는 머리가 좋은 것이 아니다. 문제가 있을 때 다른 사람들보다 좀 더 오래 생각할 뿐이다. 몇 달이고, 몇 년이고 생각하고 또 생각한다. 그러면 99번은 틀리고 100번째 되어서야 비로소 맞는 답을 찾아낸다."

-알버트 아인슈타인-

"나는 한 가지 문제에 빠져 들면 그 해답이 될 수 있는 일정한 법칙을 찾아 낼 때까지 그 문제만 계속 생각하고 집중하고 몰입한다. 이것이 내가 다른 사람들과 다른 점이다."

-아이작 뉴턴-

스티브 잡스는 매일의 삶에서 오늘이 마지막 날이라고 생각하며 가장 중요한 일을 선택해 열중했다는 것이다. 매일매일 몰입하여 행동했던 것이다.

뉴턴은 사과가 옆이나 위가 아니라 수직으로 떨어지는 것을 보고 쉽게 〈만유인력 법칙〉의 영감을 얻은 것으로 알려졌지만, 실상 뉴턴은 그것에 대해 매일매일 몰입하며 생각했다.

아이작 뉴턴의 사과나무, 영국 Grantham 타운

몰입 분야의 전 세계 최고의 대가인 긍정 심리학자 미할리 칙센트미하이_{Mihaly Csikszentmihalyi} 미국 클레어몬트 대학교 피터드러커 대학원 교수는 몰입은 '완전한 집중 상태'라고 정의한다.

미할리 칙센트미하이

마치 숲속을 거닐던 사슴이 사자와 딱 마주쳤을 때처럼 말이다. 그 순간 사슴은 살아남기 위해 몰입한다. 사슴의 모든 세포들은 생존이라는 한 가지 '생각'에 몰입해 필사적으로 달아난다. 위기라는 특수한 상황에서 수동적인 '몰입' 상태에 빠지는 것이다.

그러나 인간은 무엇인가 절실하게 해결하고 싶은 대상을 만나게 되면 스스로의 의지로 '몰입'에 빠져들 수 있다. 우리의 뇌는 문제의 해결책을 찾기 위해 끊임없이 집중하는 과정을 거치는데, 이때에 뇌 속 뉴런과 시냅스는 극도로 활성화된다.

몰입 상태에서 창의적인 생각이 떠오르는 빈도는 평소의 열 배, 백 배 라고 한다. 천재는 몰입으로 천재적 결과물을 만들어내는 사람인 것이다.

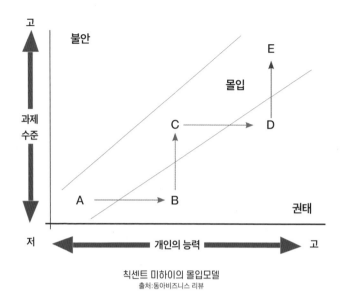

칙센트 미하이의 몰입모델
출처:동아비즈니스 리뷰

칙센트미하이는 '몰입은 결코 쉽게 일어나지 않는다'라고 말한다. 너무 쉬운 일은 지루하고 너무 어려운 일은 불안감을 일으킨다. 몰입은 지루함과 불안감 사이의 가느다란 골짜기 사이에서만 찾을 수 있는 아주 귀한 경험인 것이다.

등산을 예로 들면 동네 뒷산에 처음 등산할 때 몰입 경험을 하는 사람들이 있다. 자기 체력과 기술 수준에 딱 맞는 산을 올랐기 때문이다. 그러나 뒷산 등산에 익숙해지면 더 이상 몰입할 수 없다. 그가 다시 몰입을 경험하려면 점점 더 높고 험한 산에 올라야 한다. 결국에는 히말라야까지 등반하게 되는 것이다.

이렇게 몰입은 끊임없는 숨바꼭질과 같다. 능력이나 기술 수준이 높아질수록 그에 상응하는 어려운 과제를 찾아야 몰입을 경험할 수 있기 때문이다. 이런 과정을 통해 성장이 일어난다.

"천재는 1퍼센트의 영감과
99퍼센트의 땀으로 이루어진다."
- 토마스 에디슨

"Genius is one percent inspiration
and ninety-nine percent perspiration."
- Thomas Edison

5. 조직화된 지식 구조

'천재적 결과물을 만드는 전문가'라는 사람은 어떤 전문가를 말하는 것일까?

'전문가'와 '전문성'에 대한 수많은 연구를 살펴보면 전문가의 특징이 그들의 지식의 구조에 있다는 것을 알 수 있다. 전문가의 특징은 '구조적 유사성으로 조직화된 지식의 구조'라는 말로 요약된다. '전문가'가 되기 위해서는 반드시 '체계적으로 조직화된 좋은 지식 구조'를 갖추어야 한다. 전문가와 초보자가 구별되는 지점이 바로 '그 분야에 대한 지식의 구조'인 것이다. (Glaser & Chi, 1988)[*]

전문가가 초보자에 비해 훨씬 많은 지식을 소유하고 있다는 것은 당연한 사실이다. 하지만 전문가와 초보자의 진정한 차이는 '지식의 양'이 아닌 '지식의 구조'에 있다. 초보자의 지식 구조는 단절적인데 반해, 전문가는 체계적으로 조직화된 지식 구조를 갖고 있다. (Sternberg, 2003)[*]

각주 |
Glaser, R., & Chi, M. T. H. (1988). Overview. In M. T. H. Chi, R. Glaser, & M. J. Farr (Eds.), The nature of expertise.
Sternberg, R. J. (2003). Cognitive psychology (3rd ed.).

이들은 방대한 양의 지식을 소유했을 뿐 아니라 소유한 지식이 사용되는 과정을 자동화 시킨다. 즉 문제 해결 과정에서 의식적인 통제가 거의 필요 없는 통합된 루틴을 만들어 문제를 효율적이고 정확하게 해결한다. (Frensch& Sternberg, 1989)[*] 지식을 체계적으로 구조화 시켜 저장하는 것은 통합된 루틴을 만드는 기초가 된다.

조직화된 지식 구조, 스키마

각주 |
Frensch, P. A., & Sternberg, R. J. (1989).
Expertise and intelligent thinking: When is it worse to know better?

우리의 지식은 그 지식의 유사성에 따라 조직화되는데 초보자의 경우는 '표면적 유사성'에 따라 조직되는 반면, 전문가의 경우 '구조적 유사성'에 따라 조직된다.

표면적으로 유사해 보이는 지식은 문제의 해결에 결정적인 도움이 되지 않을 때가 많고, 때로 오류를 만드는 원인이 된다. 지식이 어떤 유사성을 기초로 저장되어 있는가는 문제 해결 과정에 결정적인 역할을 한다.

전문가와 초보자를 대상으로 한 세트의 물리학 문제를 제시하고, '유사한 문제끼리 분류하라'고 요구하는 실험을 했다. 초보자들은 스프링이나 경사면 혹은 진자와 같은 동일한 종류의 대상이 있는 문제들을 함께 묶은 반면, 전문가들은 문제에 포함된 대상의 유사성 보다는 뉴턴의 제2법칙과 같은 동일한 원리가 사용되어야 하는 문제들을 함께 묶었다. (Chi, Feltovich, & Glaser, 1981) 즉, 전문가들은 문제를 '표면적 유사성'이 아닌 '기본 개념의 유사성'의 관점으로 바라봤던 것이다.

각주 |
Chi, M. T. H., Feltovich, P., & Glaser, R. (1981).
Categorization and representation of physics problems by experts and novices.

전문가로 가는 첫 걸음은 우리의 머릿속에 저장되는 지식을 유의미하게 연결하는 습관을 기르는 일이다. 전문가로 가는 길은 지식과 지식 그리고 개념과 개념이 정확하고 촘촘하게 연결되는 지식의 구조를 만들어 가는 과정이기 때문이다.

학습된 지식이 기존의 지식 혹은 개념과 연결되지 못하고 독립적으로 존재한다면, 단기적으로 그 지식을 인출하는 데는 지장이 없을지라도 그 지식을 오랫동안 저장하는 것은 결코 쉽지 않을 것이다.

새로운 정보를 기존의 정보와 연결시키는 것을 '공고화' 혹은 '응고consolidation'라고 한다. 정보가 오랫동안 기억되기 위해서는 기억의 공고화가 필수적이라는 것은 학습을 연구하는 학자들에 의해 꾸준히 증명되어 온 학습의 원리이다. (Squire, 1986)[*]따라서 무엇을 학습하든지 학습된 지식이 독립적으로 저장되어서는 안 된다.

각주 |
Squire, L. R. (1986) Mechanisms of memory.

때때로 아이들이 기억이 잘되는 암기법을 배워 지식을 저장하는 경우가 있다. 이러한 방법으로 저장된 지식들은 대부분 기존의 지식과 구조적 유사성을 갖지 않고 개별적이고 독립적으로 저장된다. 이는 단기적으로는 저장과 인출이 매우 용이할 수 있지만, 기억의 공고화가 이루어지지 않기 때문에 장기적으로 아이들에게 악영향을 미치게 된다.

흔히 비법이라 불리는 이러한 학습법이 위험한 이유는 아이들이 지식을 관리하고 운영하는 기술을 연습할 수 있는 기회를 박탈하기 때문이다. 이런 식의 비법에 익숙해진 아이들은 지식을 구조적으로 연결하는 습관을 갖지 못하고, 결국 전문가의 자리에 오를 수 없게 될 것이다.

특히 지식을 처음 배우기 시작하는 어린 아이들에게 절실히 필요한 것은 당장 습득하는 지식의 양이 아니라 지식을 관리하는 기술이다.

지식을 조직화하는 왕도는 존재하지 않는다. 높은 수준의 지식 구조를 갖기 위해서는 수많은 시행착오와 오랜 시간의 노력이 필요하다. 누구도 예외는 없다. 그리고 이 점이 '10년의 법칙'의 타당성을 확보하는 지점인 것이다.

그러나 다행히 지식을 조직화하는 습관을 기르는 것은 생각보다 어렵지 않다. 가장 손쉽고 효과적인 방법은 부모와 아이들이 대화를 나누는 것이다. 아이들은 하나의 주제로 1분 이상 대화하는 것을 어려워할 때가 종종 있다.

부모들은 아이들이 아직 어려서 하나의 주제에 집중하지 못한다고 생각할 수도 있다. 하지만 하나의 주제로 오랫동안 대화하지 못하는 이유는 대부분 아직 그 주제와 관련된 지식이 체계적으로 연계되어 조직화되지 못했기 때문이다. 그러므로 대화는 아이가 자신의 지식을 체계적으로 조직하고 구조화하는 습관을 기를 수 있게 도와주는 가장 쉬우면서도 효과적인 방법이다.

이때 주의할 점은 '왜?'라는 질문을 가급적이면 아이가 해서는 안 된다는 것이다. 호기심이 많다는 것은 좋은 일이다. 하지만 지식을 체계적으로 조직화하는 연습의 시작은 아이가 '왜?'라고 묻는 것이 아니라, '왜?'라는 부모의 질문에 대답하는 것이다.

'왜?'라는 질문에 대한 답을 찾으면서 아이는 자신의 지식 구조를 연결시키는 습관을 기르게 된다.

천재성이 뛰어난 개인의 전유물이었던 때가 분명 있었다. 르네상스를 대표하는 레오나르도 다 빈치는 뛰어난 화가로 잘 알려져 있다. 또한 그는 위대한 조각가이자 발명가였으며 빼어난 건축가이기도 했다. 동시에 그는 해부학자였고 도시 계획가 그리고 천문학자이자 지질학자였으며 뛰어난 음악가이기도 했다.

레오나르도 다 빈치

그는 혼자서 이 많은 것들을 이루어냈다. 하지만 현대 사회에는 더 이상 레오나르도 다 빈치가 존재하지 않는다. 그처럼 재능 있는 천재가 이제는 태어나지 않기 때문이 아니다. 현대 사회가 혼자서는 놀라운 업적을 이뤄낼 수 없는 구조로 변했기 때문이다.

스티브 잡스를 생각해 보자. 스티브 잡스는 뛰어난 천재였을지도 모른다. 하지만 스티브 잡스 혼자 아이폰을 만들 수 있었을까? 수많은 기술자와 디자이너 그리고 또 다른 프로그래머들이 없었다면 아이폰은 절대 세상에 나오지 못했을 것이다. 현대 사회에서의 혁신은 적게는 수십 명, 많게는 수만 명의 노력과 협업에 의해 이루어진다.

따라서 현대 사회에서 놀라운 혁신을 이루기 위해서는 타인의 생각을 존중하고 경청하며, 필요하다면 기꺼이 자신의 생각을 수정하고 협력할 수 있어야 한다. 이 사회에서의 혁신서은 협력과 조화가 전제될 때 꽃필 수 있기 때문이다.

바른 인성을 갖춘 사람이란 이러한 삶의 자세를 지닌 사람이며, 이런 사람이야말로 협력과 융합이 필수인 현대 사회에서 천재성을 갖춘 리더가 될 수 있다.

나와 다른 생각을 접하면 우리는 그것이 '틀리다'라고 생각하는 경향이 있다. 우리가 무엇을 판단할 때 하향 처리 과정을 선호한다는 것을 이해한다면, 이는 어쩌면 자연스러운 현상일 수도 있다.

예를 들어 자동차의 안전을 그 자동차 운전자의 안전이라고 생각한 사람은 보행자의 안전에는 큰 관심이 없을 것이고, 이를 고려하는 것에 대해 이해하지 못할 것이다. 이윤을 극대화하는 데 별로 도움이 되지 않는 틀린 생각이라고 판단하기 때문이다.

보행자를 위한 에어백

그러나 2012년 자동차 회사인 볼보는 보행자를 위한 에어백이 장착된 차량을 선보였다. 보행자가 자동차에 부딪혔을 때 보행자의 상해를 막기 위해 자동차 전면 창유리에 에어백을 장착한 것이다. 에어백의 작동 원리와 기술은 전혀 새롭지 않았지만, 그 에어백을 보행자를 위해 차 외부에 장착한다는 생각은 분명 새로웠다. 이러한 혁신들을 통해 볼보

자동차는 안전한 자동차의 대명사가 되었고, 전 세계 고객들의 신뢰감을 얻을 수 있었다.

바른 인성의 핵심은 타인을 배려하고 존중하는 마음이다. 나와는 다른 타인의 생각을 '틀린 것'이 아닌 '다른 것'으로 인정하고 존중하는 마음은 자신이 갇혀 있는 틀을 깨고 전혀 새로운 솔루션을 찾을 수 있게 도와주는 도구가 될 것이다. 이것이 바로 천재적 혁신에 인성이 반드시 필요한 이유이다.

Part 2

분야별
천재의 비법

우리 뇌가 가진 놀라운 신비한 힘, 10년의 법칙, 의도된 신중한 연습, 몰입적 사고 등을 통해 우리 모두는 천재적 결과물을 낼 수 있는 방법을 알았다. 그렇다면 과연 스포츠 분야 같은 특별한 영역에서도 가능할까?

리오넬 메시 (Lionel Messi)

키가 170cm인 메시는 축구계에서 신으로 군림하고 있지만, 동일한 키로 NBA를 주름잡는 세계적인 농구 선수는 아직 없다. 이런 면으로 볼 때 스포츠 분야와 같은 특별한 영역에서는 타고난 신체 조건이나 재능을 무시할 수 없는 것 같다.

하지만 이런 특별한 영역에서도 천재적 결과물을 만드는 데 타고난 신체 조건이나 재능보다 더 중요한 것이 있을까? 만약 있다면 그것은 무엇일까? 과연 특별한 영역의 천재들에게는 어떤 공통점이 있을까? 그리고 특별한 영역에서 천재를 만드는 비법은 무엇일까?

1. 스포츠 천재

여러 해 전, 미국에서 '소프트볼 선수'와 '메이저리거'의 이벤트성 맞대결이 있었다. 바로 2004년에 열린 '펩시 소프트볼 올스타 게임'이다. 당시 소프트볼 미국 국가대표 투수는 2004년 시드니 올림픽에서 미국에 금메달을 안긴 제니퍼 핀치Jennie Finch였다. 사람들은 소프트볼에서 뛰어난 그녀의 공이 메이저리거들에게도 통할지 궁금해 했다.

제니퍼 핀치의 구속은 105km 정도였고 소프트공의 크기도 야구공보다 약 2.5cm 정도 컸기 때문에 많은 사람들은 당연히 MLB 타자들의 우세를 점쳤다.

하지만 '펩시 소프트볼 올스타 게임'에서 MLB를 대표하던 알버트 푸홀스Albert Pujols, 브라이언 길스Brian Giles, 마이크 피아자Mike Piazza선수 모두 제니퍼 핀치에게 삼진을 당했다. 뒤이어 나온 샌디에고 파드리스의 자일스Brian Stephen Giles 역시 삼진으로 물러났다.

자신의 동료인 MLB 슬러거들이 힘없이 무너지자 메이저리그에서 일곱 번이나 내셔널리그 MVP를 차지했던 베리본즈Barry Bonds가 핀치에게 도전장을 냈다. 한 달여 후 핀치와

제니퍼 핀치와 피아자의 대결

본즈의 대결은 성사되었고 이 대결도 결국 핀치의 완승으로
끝났다.

왜 이런 일이 생긴 것일까 ?

야구공이 투수 손을 떠나 홈 플레이트까지 도착하는 데
걸리는 시간은 0.4초에 불과하다. 근육이 움직이는 데 걸리
는 시간만 0.2초이므로 타자들은 0.2초 안에 배트를 어떻게
휘둘러야 할 지 판단해야 한다. 동시에 공이 배트가 닿을 거
리에 왔을 때 배트를 공에 댈 수 있는 시간은 불과 0.005초에
불과하다. 그러므로 훌륭한 타자는 공이 투수 손을 떠나자마
자 이 모든 것을 판단해야 한다.

프로 권투 선수도 비슷하다. 무하마드 알리Muhammad Ali의 잽은 불과 50cm 앞에 서 있는 상대 선수의 얼굴에 닿기까지 0.04초 밖에 걸리지 않는다. 그러므로 상대 선수가 주먹을 뻗는 것을 보고 피하려 한다면 알리의 모든 주먹을 그대로 다 맞을 수밖에 없다.

즉 야구 선수나 프로 권투 선수나 시각적 반응으로 움직이는 것이 아니라는 뜻이다. 타자들은 투수의 어깨와 팔, 손, 그리고 막 출발한 공의 움직임에 대해 종합적인 정보를 판단해야 타격할 수 있고, 권투 선수 역시 상대방의 몸 전체의 움직임에 대한 종합적인 정보를 판단해야 잽이 날아오는 순간을 피할 수 있는 것이다.

이런 행동들을 본능적인 반응으로 생각할 수도 있다. 하지만 이런 반응들은 종합적인 정보에 대해 수없이 축적된 데이터와 반응에 대해 꾸준히 학습된 지각 능력에 기초하는 것이다. 이것이 없다면 세계 최고의 스포츠 선수조차 평범해질 수밖에 없다.

마치 메이저리그 강타자들이 105km 속도의 제니퍼 핀치의 신체 움직임, 투구 성향, 소프트볼의 움직임, 특성 등에 대해 축적된 데이터와 꾸준히 학습된 지각 능력이 없어 배트를 제대로 휘두르지 못하고 당한 것처럼 말이다.

전 세계 최고의 스포츠 선수로서 최고의 운동 신경을 가지고 있던 마이클 조던도 좋은 예이다. 농구에서 전성기를 보내던 마이클 조던은 은퇴를 하고 메이저 리그에 갔지만 트리플A에도 진입하지 못했다. 심지어 더블A 리그에서도 127경기에 출전해 타율 0.202 (436타수 88안타), 출루율 0.289, 장타율 0.266이라는 초라한 성적을 남겼을 뿐이다.

이유는 명확하다.

메이저 리그에서 뛰고 있는 타자들은 보통 **빠른 공 35만 개**, 변화구 20만 4000개를 경험하면서 공에 대한 데이터를 축적한다. 또한 이를 바탕으로 생각하지 않고 자동으로 반응할 수 있도록 꾸준히 자각 능력을 학습한다.

스트라이크 아웃 당하는 마이클 조던
출처 : https://gabesscatterbrains.wordpress.com/

즉 데이터베이스를 바탕으로 꾸준히 연습하게 되면, 그 기능을 수행하는 프로세스가 뇌 전두엽의 고등한 의식 영역에서 뇌의 원시적인 자동화 영역으로 이동한다. 이런 과정들이 이루어질 때 그 영역에서 최고의 스포츠 선수가 되는 것이다.

그러므로 타고난 신체 조건이나 재능이 중요한 스포츠 영역에서도 의도된 신중한 연습, 몰입적 사고, 10년의 법칙, 1만 시간의 법칙 등이 천재가 되는 열쇠인 것이다.

"천재의 모든 생산은 열정의 생산인 것이 틀림없다."

- 벤저민 디즈레일리

"Every production of genius must be

the production of enthusiasm."

- Benjamin Disraeli

2. 체스 그랜드 마스터

장군check이라는 의미의 프랑스 고어에서 유래한 체스chess 는 서양을 대표하는 가장 오래된 두뇌 활동 게임이다.

1909년 쿠바의 체스 마스터인 호세 라울 카파블랑카Jose Raul Capablanca는 28명의 아마추어들과 한꺼번에 경기를 펼친 적이 있다. 카파블랑카는 체스판을 2초 내지 3초 동안 본 후 한 수를 두고 바로 그 옆의 체스판으로 옮기는 방법으로 경기 했고 놀랍게도 결과는 28전 전승이었다. 카파블랑카가 168 연승의 성적을 올리던 투어 경기의 일부였다.

1940년 초반 네덜란드 체스 명인이자 심리학자인 아드 리안 데 흐루트Adriaan de Groot는 체스 실력의 핵심이 무엇인지 를 연구했다. 체스 선수들을 그랜드 마스터 우승자, 마스터 우승자, 시 대회 우승자, 일반 기사로 구분해 그들의 생각들 과 선택에 대한 실험과 연구를 통해 1946년 〈Thought and Choice in Chess〉를 발간했다.

사람들은 그랜드 마스터 우승자가 일반 기사보다는 더 많은 수를 내다볼 것으로 생각했다. 하지만 아드리안 데 흐루트의 연구 결과 일반 기사나 그랜드 마스터 우승자나 내다보는 수는 대동소이했다.

그런데 경기 기보를 몇 초간 보여준 후, 빈 체스판에 대국 상황을 재현할 것을 요청했을 때 매우 큰 차이가 있었다. 네 번의 실험에서 그랜드 마스터 우승자는 매번 체스판을 완벽하게 재현했다. 마스터 우승자는 4회 중 2회를 성공했고, 시 대회 우승자나 일반 기사는 단 한 번도 재현하지 못했다.

심지어 5초 동안 경기 기보를 본 그랜드 마스터는 경기 기보를 15분 동안 본 일반 기사보다 대국 상황을 더 잘 파악했다. 이런 놀라운 기억력은 어디서 온 걸까? 타고난 기억력일까? 노력에 의해 습득한 걸까?

이 비밀은 1973년 카네기멜론 대학교의 윌리엄 체이스 William Chase 심리학 교수와 허버트 사이먼Herbert Simon 경영학 및 행정학 교수의 연구로 밝혀졌다.

카네기멜론 대학교의 Herbert Simon 교수

그랜드 마스터 우승자에게 경기에서는 나타날 수 없는 형태로 체스 말들을 무작위로 배열한 체스판을 보여 준 후에 재현하라고 했다. 놀랍게도 그랜드 마스터 우승자의 기억력은 일반 기사와 별 차이가 없었다.

그랜드 마스터 우승자는 기억력이 특별히 좋았던 것이 아니었다. 그는 체스 말 사이에서 벌어지는 30만 가지의 의미 있는 변화를 무의식적으로 빠르게 지각 처리할 수 있는 경지에 도달했던 것이다. 일반 기사의 추론 속도와 비교하면 그들의 집중된 노력의 정도를 대충 짐작할 수 있다.

"모든 사람은 천재다. 그러나,
만약 당신이 물고기가 나무를 얼마나 잘 타고 오르는지로
물고기의 능력을 판단한다면, 물고기는 자신을
평생 어리석다고 믿으며 보낼 것이다."

- 알버트 아인슈타인

"Everybody is a genius. But,
if you judge a fish by its ability to climb a tree,
it will spend its whole life believing it is stupid."

- Albert Einstein

3. 예술 천재

1993년, 세계적인 바이올린 연주자들을 무수히 배출하는 베를린 음악 학교에서 미국 플로리다 주립대 석좌 교수인 에릭슨Ericsson을 포함한 3명의 심리학자들이 역사적인 연구를 진행했다.

베를린 음악 학교 학생들을 '세계적 독주자가 될 수 있는 최고의 학생 10명 그룹', '교향악단 단원이 될 수 있는 우수한 학생 10명 그룹' 그리고 '음악 교사가 될 가능성이 높은 보통의 학생 10명 그룹'으로 나누어 학생 간에 생기는 역량 차이의 원인에 대해 연구한 것이다.

세 그룹의 공통점과 차이점은 아래와 같았다.

세 그룹의 공통점은 30명의 학생 모두가 약 8세부터 체계적인 음악 교육을 받기 시작하고, 15세 무렵에 음악가가 되기로 결심을 한 것이다. 그리고 세 그룹 모두 베를린 음악 학교에서 음악 이론과 실기 수업, 개인 연습 그리고 공연 등 매주 50시간 이상을 음악 실력을 키우는 데 사용했다.

세 그룹 간의 큰 차이점은 다음과 같았다.

연습 시간과 연주 실력의 상관 관계

출처 : The Role of Deliberate Practice in the Acquisition of Expert Performance

첫 번째는 12세부터 18세까지 연습에 투자한 총 시간이다. 최우수 그룹은 7,410시간, 우수한 그룹은 5,301시간, 음악 교사 그룹은 3,420시간으로 분명한 차이가 났다.

두 번째는 개인 연습 시간이다. 베를린 음악 학교에 입학한 후, 음악 실력 향상을 위해 매주 투자한 50시간 중에서 상위 그룹은 24시간을 개인 연습에 집중한 반면, 세 번째 그룹은 불과 9.3시간만 개인 연습에 사용했다. 단체 수업이나 이론 수업보다 개인 연습이 실력 향상에 가장 효과적이었다는 사실은 시사점이 크다.

결론적으로 세 그룹의 실력 차이는 타고난 음악적 재능이 아니라, 개인 연습 시간과 방법에 의해 나타난 것이다. 이런 원리는 바이올린뿐만 아니라 음악 전반에 걸쳐 똑같이 적용된다.

"천재가 되는 것은 그것이 가능하다는 것만을
아는 것이 아니다. 그것은 행동을 취하고
천재적인 경험을 하는 것이다."

- 안드레이 G. 알리니코프

"Becoming a genius is not just knowing that

it is possible. it is taking action

and having genius experiences."

- Andrei G. Aleinikov

4. 과학 천재

스포츠 천재, 예술 천재, 체스 그랜드 마스터 등 각 분야의 천재들을 살펴보았다. 그들의 천재적인 업적이 타고난 능력보다는 학습 방법과 연습에 의한 것이 분명하다면, 노벨상을 받은 과학자들의 천재성은 어디서 온 것일까?

영국 공영 방송 BBC는 2012년 10월 8일 '노벨상을 수상하는 비밀 공식이 있는가'에 대한 연구를 발표했다. 역대 노벨상 수상자들에 대한 통계를 분석한 결과 매일 면도를 하는

출처 : BBC FUTURE(2012, October 8).
Nobel Prizes: Is there a secret formula to winning one?

하버드 대학 출신, 안경을 안 쓴, 봄에 태어난 61세의 미국 기혼 남성이 전형적인 인물상으로 나왔다.

노벨상 수상자를 배출한 대학들 중 노벨상 여섯 개의 전 분야에서 수상자를 배출한 대학은 하버드, 케임브리지, 컬럼비아 대학교뿐이었다.

그런데 각 분야에서 노벨상 수상자를 배출한 대학교의 순위를 살펴보면, 상위 100위 내에 드는 대학교의 퍼센트가 생각한 만큼 높지 않다는 것을 알 수 있다. 특히 여섯 개 부문 중에 노벨 과학상 (물리, 화학, 의학)의 수상자들은 전 세계 상위 100개 대학교 출신이 50% 미만이다.

가장 뛰어난 천재라고 생각되는 노벨상 수상자조차도 타고난 지능과 재능보다는 꾸준한 노력으로 업적을 이룬 것이다.

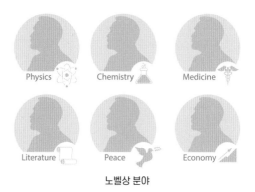

노벨상 분야

이러한 결과는 최고 수준의 대학교에 입학한다고 곧바로 노벨상과 연결되는 것은 아니라는 사실을 보여준다. 노벨상을 수상하기 위해서는 대학교에 들어간 이후에도 꾸준한 노력과 연습이 필요한 것이다.

분야	상위 100위 대학 출신
물리	54%
화학	50%
의학	41%
문학	23%
평화	35%
경제	78%

분야별 노벨상 수상자와 상위 100위 대학교 출신 관계

'우리의 연구에서 나타난 단 하나의 가장 신뢰할 수 있는 결과는 천재적인 업적은 오랜 시간을 필요로 한다는 것이다'라는 그루버Gruber와 데이비스 (Davis, 1988)[*]의 결론을 다시 한 번 되새겨 보자.

각주 |
Gruber, H. E., & Davis, S. N. (1988).
Inching our way up Mt. Olympus:
The evolving- systems approach to creative thinking.

3부

지능 지수
높일 수 있나?

Part 1

지능 지수(IQ)

다중 지능 이론을 발표한 가드너처럼 지능은 여러 가지 종류라고 주장하는 학자들이 있다. 그들은 지능이 여러 가지이므로 현재 인지 능력 중심의 IQ 테스트를 불충분한 지능 테스트라고 이야기한다.

지능을 변하는 환경에서 인간이 마주하게 되는 다양한 문제를 해결하는 능력이라고 정의한다면, 태평양의 작은 섬에 살며 바다에서 모든 것을 해결해야 하는 사람들에게는 배를 다루는 능력이 곧 지능일 것이다.

하지만 우리 자녀들은 20세기 지식 산업 시대를 넘어 인공지능 AI로 대변되는 시대를 살게 될 것이다. 그러므로 우리 자녀들에게 필요한 지능의 90% 이상은 인지 역량을 기반으로 한다. 인지 능력 중심의 지능 지수IQ의 중요성은 오히려 100년 전 보다 21세기인 지금 더 커지게 되었다.

1. 지능지수(IQ)의 의미?

2007년 잉글랜드 남부 햄프셔주에 사는 조지아 브라운이 IQ 152로 지능 지수IQ가 높은 사람들의 모임인 '멘사Mensa'의 최연소 회원이 됐다. 그녀의 나이는 2살이었다.

과연 2살 난 아이의 IQ는 어떻게 측정했을까? IQ 152는 무엇을 할 수 있는 수치일까?

조지아가 치른 IQ 테스트는 프랑스 심리학자 알프레드 비네가 개발한 테스트로 생활 연령(나이)에 대한 정신 연령의 비율을 측정하는 '스탠포드 비네Stanford Binet'이다. 이 테스트는 2살부터 측정이 가능하다.

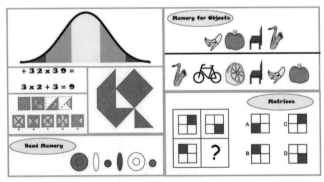

아동용 스탠포드 비네

출처 resources.njgifted.org

2살이 된 조지아는 테스트에서 '오빠가 소년이면 언니는 뭐지?'와 같은 관계 추론 질문에 정답을 말했다. 분홍색과 자주색을 구분하고, 어려운 말을 친구들에게 설명해 줄 수 있고, 정사각형과 직사각형을 구분할 수 있으며, 수영과 발레도 하고, 원도 완벽하게 그릴 수 있었다.

영국 최연소 멘사 회원,조지아 브라운
출처 shadmia.wordpress.com

〈미녀와 야수〉 영화를 보고 나서는 'I didn't like Gaston (the villain). He was mean and arrogant'라고 말했다고 한다. 2살 된 아이가 거만한arrogant이란 단어를 사용해 자신의 생각을 표현한다는 것은 매우 놀라운 일이다.

하지만 조지아가 받은 IQ 152는 2살 수준의 통계적 수치를 적용했기 때문에, 성인의 IQ 152와는 다른 의미를 가진다. 조지아가 본 IQ 테스트는 비율 지능 지수Ratio Intelligence Quotient를 활용한 것이다. RIQRatio Intelligence Quotient는 (정신 연령/생육 연령)×100으로 계산한다. 아동의 지능 발달이 같은 연령대에서 평균이라면 '정신 연령=생육 연령'으로 100이 되고, 평균보다 빠르다면 RIQ가 100 이상이 되는 방식이다. 즉 조지아가 받은 152라는 엄청난 IQ는 같은 연령대인 2살 평균보다 현격히 뛰어나다는 의미이다.

학자들마다 지능에 대한 견해가 다르고 IQ를 평가하는 기준도 다양하다. 그러나 평가 영역을 한정한다면 조지아의 예에서 볼 수 있는 것처럼 사람들의 지능을 비교하는 것이 가능해진다.

IQ는 비율 지능Ratio IQ, RIQ과 편차 지능Deviation IQ, DIQ으로 나뉜다. 조지아의 경우처럼 비율 지능을 사용하기도 하지만, 현대에는 주로 편차 지능을 사용한다. 편차 지능은 어떤 절대적인 능력을 나타내는 값이 아니라, 같은 나이대 사람들과 비교한 상대적 능력을 나타내는 것이다.

Ratio IQ	Deviation IQ
First type of IQ	A type of standard
Stern(1938)	Terman(1916)
IQ = MA/CA*100	Mean = 100, SD=15/16
Same IQ has different meanings at different ages	Compares IQ to same age peers
Distribution not applied	Normal distribution
Not used as often now	Used in most tests

비율 지능과 편차 지능의 차이

편차 지능의 대표적인 검사 방법인 웩슬러Wechsler 검사는 평균이 100이고 표준 편차가 15인 정규 분포를 사용한다.

예를 들어 IQ가 115이면 동일 연령을 기준으로 상위 16%라는 뜻이다. 정규 분포에서 산출되는 표준 점수에 대응하는 빈도수는 그림에서 보는 바와 같이 점수가 높아질수록 그 빈도수가 나타날 확률이 급격히 줄어들기 때문에 이론적으로 IQ가 160을 넘는 사람은 10만 명 중에 3명밖에 없는 것이다.

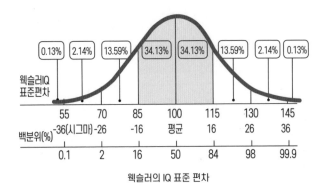

웩슬러의 IQ 표준 편차

대표적인 인지 검사 방법은 웩슬러Wechsler Scale of Intelligence
외에도 I-CATInternational Cognitive Ability Test, K-ABCKaufman
Assessment Battery for Children검사 등이 있다.

"교육이 없는 천재는 광산의 은과 같다."

- 벤저민 프랭클린

"Genius without Education is like Silver in the Mine. "

- Benjamin Franklin

2. 지능 검사의 발달 역사

프랑스 교육부는 정규 학교 교육에서 수업에 어려움을 느끼며 진도를 따라가지 못하는 학습 부진아를 판별할 척도가 필요했다. 이에 1890년 프랑스 심리학자 비네는 학업 성적을 예측하기 위해 최초로 발달 평가 척도를 만들었고, 이것이 지능 검사의 시작이다.

비네는 최초의 검사에서 아동들의 기억력, 주의 집중력, 어휘력, 수리력 등을 측정하였다. 어려운 문제를 해결하는 능력이 또래보다 뛰어나면 지능이 높은 것으로, 또래보다 문제 해결 능력이 떨어지면 지능이 낮은 것으로 판단했다.

이러한 연구 결과를 바탕으로 생활 연령Chronological Age이 아닌 정신 연령Mental Age이라는 개념이 처음으로 정립되었고, 비네는 정신 연령의 유의미한 격차는 생활 연령의 능력 차이보다 더 클 수도 있다고 보았다.

이후 1912년 독일 심리학자인 빌리암 슈테른*William Stern이 일반 아이들의 지능을 점수로 표시하면서 지능 검사는 유럽에서 크게 유행하기 시작했다. 미국에서도 제1차 세계 대전 당시 징집 병사 선발 기준으로 지능 검사를 사용했다. 전후에도 지능 검사는 산업과 교육의 현장에서 널리 사용되었다.

미국의 교육 심리학자이자 스탠포드 대학교의 교수인 터면Terman은 1916년 스탠포드 대학교와 협력하여 스탠포드-비네Stanford-Binet를 개발하였다. 이때 최초로 IQIntelligence Quotient라는 용어를 사용하기 시작했다. 스탠포드-비네 지능 검사는 오랫동안 세계적으로 널리 사용되는 대표적인 개인용 일반 지능 검사이다.

하지만 스탠퍼드-비네 검사에는 몇 가지 문제점이 있었다.

Stariford Binet Intelligence Scale	
Genius	Over 140
Very Superior	120-139
Superior	110-119
Average	90-109
Dull	80-89
Bouderline Deficiency	70-79
Moron	50-69
Imbecile	20-49
Idiot	Below 20

스탠포드 비네 지능 등급

각주 |
빌리암슈테른(William Stern.1871~1938)
독일 심리학자. 듀크대학 교수.심리학과 철학 두 분야를 통일하려고 노력하였다. 인간학과 과학을 조화시켜 독자적인 인격주의 심리학을 만들었다.
Terman, L. M. (1916). The measurement of intelligence.

첫 번째, 다른 연령의 아동과는 비교가 곤란하다는 점이다. 생활 연령이 높아짐에 따라서 정신 연령의 변산*variability이 커지기 때문에 항상성*homeostasis이 엄격하게 유지되지 않는다는 점이다.

두 번째, 언어성 검사이기 때문에 언어를 사용할 수 없는 대상의 지능을 측정할 수 없다는 점이다.

세 번째, 그 연령대 아이들의 일반적인 정신 연령을 측정하는 문항으로 구성되었기 때문에 정신 연령이 뛰어난 아이들을 측정하기는 곤란하다는 점이다.

네 번째, 지능을 이루고 있는 하위 능력의 측정이 어렵다는 점이다.

이러한 스탠퍼드-비네 검사의 한계를 극복하고자 등장한 것이 1940년대에 나온 웩슬러Wechsler 지능 검사이다.

각주 |
변산(수학) 한 분포에 위치하는 여러 점수들이 집중 경향에서 퍼져 있는 것.
항상성 여러 가지 조건이 바뀌어도 일정하게 유지되는 현상

"끊임없는 노력과 잦은 실수는

천재성을 향한 디딤돌이다."

- 엘버트 허버드

"Constant effort and frequent mistakes are

the stepping stones to genius"

- Elbert Hubbard

3. 웩슬러 지능검사

전 세계에서 가장 많이 사용하는 지능 검사 중 하나인 웩슬러* 검사는 데이비드 웩슬러David Wechsler, 1896-1981라는 미국 심리학자가 개발한 것이다. 그는 웩슬러 성인 지능 검사 WAIS,Wechsler Adult Intelligence Scale 및 웩슬러 아동용 지능 검사Wechsler Intelligence Scale for Children ,WISC와 같은 잘 알려진 지능 척도를 개발했다.

데이비드 웩슬러
출처 link.springer.com

각주 |
Wechsler,D. (1939). Themeasurementofadultintelligence.
Wechsler,D. (1949). Wechslerintelligencescaleforchildren.

한국 웩슬러 유아 지능 검사는 1967년 웩슬러에 의해 개발된 Wechsler Preschool and Primary Scale of Intelligence WPPSI를 한국 아동에 맞게 수정한 것이다.

이는 만 2세 6개월부터 7세 7개월 사이 유아의 인지 능력을 평가할 수 있도록 개발된 지능 검사로, 15가지 소검사와 5가지 기본 지표를 제공한다.

소검사	내용
토막 짜기 (Block Design)	제한 시간 내에 제시된 모형 또는 토막그림을 보고, 한 가지나 두 가지 색으로 된 토막을 사용하여 똑같은 모양을 만든다.
상식 (Information)	그림 문항의 경우, 일반 상식에 관한 질문에 가장 적절한 보기를 선택한다. 언어 문항의 경우, 일반 상식에 관한 광범위한 주제를 다루는 질문에 답한다.
행렬 추리 (Matrix Reasoning)	완성되지 않은 행렬을 보고 행렬을 완성시키기 위해 적절한 보기를 선택한다.
동형 찾기 (Bug Search)	제한 시간 내에 제시된 벌레 그림과 같은 벌레 그림을 보기 중에서 찾아 표시한다.
그림 기억 (Picture Memory)	일정 시간 동안 1개 이상의 그림이 있는 자극 페이지를 보고 난 후, 반응페이지의 보기 중에서 해당 그림을 찾아낸다.
공통성 (Similarities)	그림 문항의 경우, 제시된 2개의 사물과 같은 범주의 사물을 보기 중에서 선택한다. 언어 문항의 경우, 공통된 사물이나 개념을 나타내는 2개의 단어를 듣고 공통점을 말한다.
공통 그림 찾기 (Picture Concepts)	2줄 또는 3줄의 그림을 보고, 각 줄에서 공통된 특성을 지닌 그림을 하나씩 선택한다.
선택 하기 (Cancellation)	제한 시간 내에 비정렬 또는 정렬된 그림을 훑어보고 목표 그림을 찾아 표시한다.
위치 찾기 (Zoo Location)	일정 시간 동안 울타리 안에 있는 1개 이상의 동물 카드를 보고 난 후, 각 카드를 보았던 위치에 동물 카드를 배치한다.
모양 맞추기 (Object Assembly)	제한 시간 내에 사물의 표상을 만들기 위해 조각을 맞춘다.
어휘 (Vocabulary)	그림 문항의 경우, 검사 책자에 있는 그림의 이름을 말한다. 언어 문항의 경우, 검사자가 읽어 준 단어의 정의를 말한다.
동물 짝짓기 (Animal Coding)	제한 시간 내에 동물과 모양의 대응표를 보고, 동물 그림에 해당하는 모양에 표시한다.
이해 (Comprehension)	그림 문항에서 일반적인 원칙이나 사회적 상황을 가장 잘 나타내는 보기를 선택한다. 언어 문항에서 일반적인 원칙과 사회적 상황에 대한 이해를 기초로 질문에 답한다.
수용 어휘 (Receptive Vocabulary)	검사자가 읽어주는 단어를 가장 잘 표현하는 보기를 선택한다.
그림 명명 (Picture Naming)	그림으로 제시된 사물의 이름을 말한다.

한국 웩슬러 유아 지능 검사 15개 소검사 항목

만 2세 6개월부터 만 3세 사이 유아들은 7개 소검사를 시행한다. 언어 이해VC, 시공간VS, 작업 기억WM의 3가지 기본 지표 척도와 어휘 획득VA, 비언어NV, 일반 능력GA 등 추가 지표 척도가 제공된다.

만 4세부터 7세 7개월 유아 및 어린이들에게는 15개의 소검사를 시행한다. 언어 이해VC, 시공간VS, 유동 추론FR, 작업 기억WM, 처리 속도PS 등 5가지 기본 지표 척도와 어휘 획득 VA, 비언어NV, 일반 능력GA, 인지 효율성CP 등 추가 지표 척도가 제공된다.

만 4세~7세7개월용 결과 지표

웩슬러는 지능을 '개인이 합목적적으로 행동하고, 보다 합리적으로 사고하며, 자신이 처한 환경을 효과적으로 다루는 능력'이라고 정의했다. 웩슬러는 지능을 총체적인 개념이자 특수한 능력의 집합체라고 생각했다.

따라서 웩슬러는 전체 IQ지수는 개인의 전반적인 인지 능력을 나타내야 하고, 언어 이해 / 유동 추론 / 시공간 / 작업 기억 / 처리 속도 등의 특수한 능력도 나타내야 한다고 생각했다.

"타고난 천재라 하더라도

한 치의 성공이라도 이루기 위해서는

집중적이고 헌신적인 노력이 필요하다."

- 치테바트

"Even if you are a born genius,

you require focused and dedicated work

to achieve even an iota of success."

- Chitesh Bhat

4. I-CAT 지능검사

I-CATInternational Cognitive Ability Test 검사는 존스 홉킨스 대학교 쥴리안 스탠리Julian C. Stanley석좌 교수이면서 미국 영재학회the National Association for Gifted Children 회장인 조나단 플러커 Jonathan Plucker 교수가 중심이 되어 가장 최근에 개발한 인지 능력 검사이다.

조나단 플러커 교수
출처 manhattan.edu

성인은 인지 발달의 변화가 크지 않기 때문에 지금까지 나온 지능 검사 방법으로 지능을 측정해도 별 문제가 없다.

하지만 감각 운동기, 전 조작기, 구체적 조작기 등의 인지적 발달이 급격히 이뤄지고 있는 2세~7세 유아 및 아동의 경우, 기초 인지 능력 검사만으로는 한계가 있다는 문제 의식이 있었다.

이러한 문제점을 해결하고자 유아 및 아동의 발달 단계를 반영해 개발한 I-CAT은 두 개의 영역, 즉 기초 인지 능력 검사와 인지 전략 능력 검사로 구성되어 있다.

기초 인지 능력 검사는 언어 인지와 수리 인지, 공간 인지 등 3개의 하위 영역을 측정하며, 인지 전략 능력 검사는 정보 수용, 논리 추론, 지식 확산, 리더십 등 4개의 하위 영역을 측정한다.

웩슬러 등 기존의 검사들은 기초 인지 능력만을 측정해 아동의 잠재적인 능력에만 초점을 맞추는 반면, I-CAT은 기초 인지 능력과 더불어 기초 인지를 활용하는 인지 전략 능력까지 포함한다. 따라서 아동의 잠재적인 능력과 함께 능력의 활용 측면까지 진단할 수 있는 검사이다.

검사종류	하위영역	측정방법
기초 인지 능력 검사	언어 인지	사물 공통 속성/정보 관계
	수리 인지	수열/ 수 계산/ 수 분배/ 방정식/ 좌표
	공간 인지	면적/ 대칭/ 체적
인지 전략 능력 검사	정보 수용	분류/ 기억
	논리 추론	관계 추론/순차 추론/공통 속성 추론
	지식 확산	확산적 사고/ 고착 정도
	리더십	표정 공감/ 상황 공감

ICAT 지능 검사 7개 소검사 항목

I-CAT은 기존에 사용되던 전통적인 유형의 지능 검사 문항 뿐 아니라 전혀 새로운 유형의 문항을 포함하고 있다. 아래에 제시된 추론 문제는 대부분의 검사에서 사용되는 일반적인 유형의 문항이다.

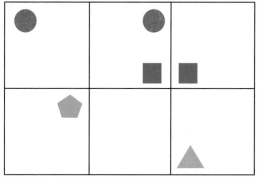

답은 뒷장

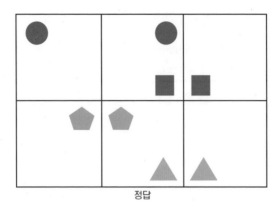

정답

I-CAT은 여기에 새로운 유형의 문항을 포함하고 있는데 아래와 같은 문항이다. 이 문항은 인지 전략 능력 검사에서 지식의 확산력을 측정하는 문항 중 하나로, 기존의 추론 문제와 비슷해 보이지만 제시되는 칸의 형태에 변화를 주어 아동의 고착 정도가 문제 해결에 영향을 주도록 개발되었다. 이는 기존의 확산적 사고력 검사에서 볼 수 없었던 매우 새로운 형식의 문제라 할 것이다.

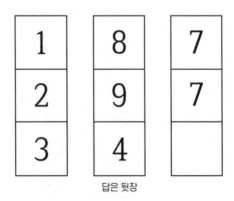

답은 뒷장

빈칸에 알맞은 답을 추론하는 이 문제의 경우, 제시되는 문제의 형태가 세로 방향으로 묶여 있기 때문에 이로 인해 아동들이 제시된 숫자의 관계성을 세로 방향으로 인식하도록 유도하고 있다. 아동은 이런 고착에서 벗어나 다양한 생각을 할 수 있어야 답을 찾을 수 있다.

이처럼 아동의 기초 인지 능력과 인지 전략 능력을 함께 측정하는 I-CAT은 하위 영역별 표준 점수와 더불어, 현지 일반 아동을 규준 집단으로 현지 영재와 비교한 표준 점수, 그리고 2학령 상위 수준의 미국 아동과 비교한 표준 점수에 대한 정보를 제공하여, 검사자의 현재의 능력과 수준을 다각적으로 평가할 수 있는 지표가 되기도 한다.

기초 인지 능력 검사 Basic Cognitive Ability Test

기초 인지 능력 검사는 학습과 해결에 기초가 되는 언어 인지와 수리 인지 그리고 공간 인지의 세 영역을 측정합니다. 본 검사는 각 영역에 대한 발달 수준 및 강점 영역과 약점 영역을 진단함으로써, 아동의 균형 있는 기초 인지 발달에 도움을 줍니다.

언어 인지	수리 인지	공간 인지
언어 간의 관계와 상징을 이해하여 적절한 판단을 하는 능력	수와 기하에 대한 이해를 바탕으로 논리적 추론을 하는 능력	비언어적 상황에서의 적절성을 판단하는 능력

인지 전략 능력 검사 Cognitive Strategy Ability Test

인지 전략 능력 검사는 학습과 문제 해결에 필요한 핵심적인 인지 전략을 사용하는 네 영역의 능력을 측정합니다. 본 검사는 각 영역에 대한 능력 수준 및 강점 영역과 약점 영역을 진단함으로써, 향후 최적의 학습 능력과 문제 해결 능력을 향상시키는 데 필요한 정보를 제공합니다.

정보 수용	논리 추론	지식 확산	리더십
제시된 정보를 이해하고 기억하는 능력	문제 해결에 필요한 정보를 적용하는 능력	지식을 새로운 방식으로 활용하는 능력	사회적 가치를 추구하고 타인을 리드하는 능력

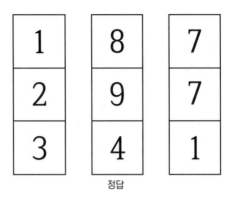

정답

　　이밖에 K-ABCKaufman Assessment Battery for Children검사는 지능이 성격의 일부라는 관점에서, 지능이 인지적 요인뿐 아니라 비인지적인 요인인 불안, 지구력, 목표 자각 등의 영향을 받는다고 보았다. 그래서 지능 검사를 단순히 지능 수준을 평가하는 도구가 아닌 성격까지 측정할 수 있는 도구로 확장 개발했다.

풀수록 재미있고
똑똑해지는 문제들

다음은 영어 창의 영재교육 알티오라 만5세 아이들이 창의 영재 과정에서 재미있게 푸는 문제들이다.머리도 식힐 겸 아래 4문제를 풀면서 잠시 쉬어 가도록 하자.

문제 **1**

Brain-Stretching 1

아래 그림의 왼쪽 칸과 오른쪽 칸에는 어떤 규칙이 있어요.
그 규칙에 따라 빈칸에 와야 할 그림을 그려 주세요.

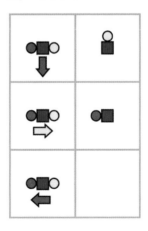

(58)

출처: Brain Teaser, Vol. 7: Rules and order, Level 3, p. 58

이 문제는 왼쪽 칸과 오른쪽 칸에 제시된 정보의 관계성을 파악하여 마지막 빈칸에 들어갈 정답을 추론하는 문제이다. 이 문제의 경우 왼쪽 칸에 보이는 화살표의 위치와 색깔이 추론의 단서이다.

첫째 줄을 보면, 왼쪽 칸에는 빨간 색의 화살표가 아래로 향해 있고 오른쪽 칸에는 노란색의 원이 위쪽에 위치해 있다.

두 번째 줄에는 노란색 화살표가 오른쪽으로 향해 있고 오른쪽 칸에는 빨간색의 원이 왼쪽에 위치해 있다. 이와 같은 정보를 통해 왼쪽 칸의 화살표의 방향 및 색깔과 반대되는 위치와 색깔이 오른쪽 칸에 온다는 관계성을 파악할 수 있다.

따라서 빈칸에는 노란색 원이 네모 상자의 오른쪽에 위치하는 그림이 와야 한다는 것을 알 수 있다.

아래 그림의 왼쪽 칸과 오른쪽 칸에는 어떤 규칙이 있어요.
그 규칙에 따라 빈칸에 와야 할 그림을 그려 주세요.

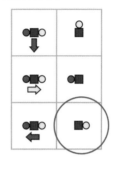

정답

문제 **2**

Brain-Plasticizing 2

아래 그림들은 규칙에 따라 일정한 순서가 있어요. 그런데 그림 하나가 잘 보이지 않아요.
규칙을 생각해 보면서 보이지 않는 그림을 빈칸에 그려주세요.

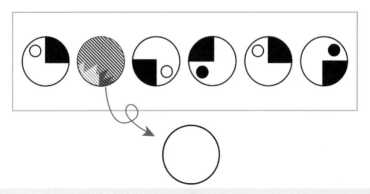

출처: Brain Teaser, Vol. 3: Things that go together, Level 3, p. 66

이 문제는 제시된 정보를 순차적으로 해석하여 제시된 정보의 순서에 대한 관계성을 파악하는 문제이다.

이러한 형식의 문제는 보통 마지막에 빈칸을 제시하여 누적된 정보를 바탕으로 관계성을 파악하는 것이 일반적이다.

하지만 이 문제는 추론해야 하는 정답의 위치를 중간에 배치함으로써 일방향적 사고가 아닌 양방향적 사고를 경험하게 유도한다. 아래의 문제의 경우 빈칸 앞에 있는 정보와 빈칸 뒤에 있는 정보를 동시에 고려해야만 정답을 찾을 수 있다.

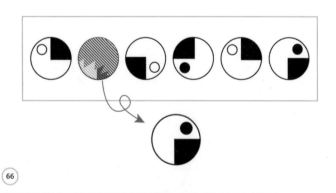

Brain-Plasticizing 2

아래 그림들은 규칙에 따라 일정한 순서가 있어요. 그런데 그림 하나가 잘 보이지 않아요.
규칙을 생각해 보면서 보이지 않는 그림을 빈칸에 그려주세요.

66

정답

문제 3

마당에 아저씨들이 상자를 쌓아 놓았네요. 왼쪽에는 여섯 개의 상자가 쌓여 있고, 오른쪽에는 여덟 개의 상자가 쌓여 있대요. 그런데 쌓여 있는 상자들을 앞에서 본 모양과 위에서 본 모양이 똑같아요. 그럼 왼쪽 상자 더미와 오른쪽 상자더미를 뒤에서 본 모양은 어떨까요? 앞에서 본 모양과 위에서 본 모양을 잘 살펴보고 뒤에서 본 모양을 그려주세요.

앞면

윗면

(98)

Brain-Hands on

왼쪽 상자 더미 뒷면

오른쪽 상자 더미 뒷면

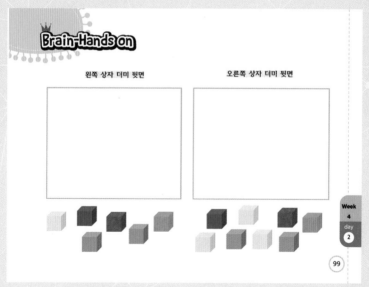

(99)

Week 4 day 2

출처: Brain Teaser, Vol. 5: Things that people make, Level 3, pp. 98-99

이 문제는 앞에서 본 모양과 위에서 본 모양이 동일한 두 개의 블록 더미의 뒷 모양을 추론하는 문제이다.

이 문제의 포인트는 두 개의 블록 더미에 사용된 블록의 개수가 다르다는 것이다. 하나의 블록 더미는 6개의 블록으로 만들어졌고, 또 다른 블록 더미에는 8개의 블록이 사용되었다.

이 문제를 해결하기 위해서는 표면적으로 제시되는 정보를 공간적으로 해석할 수 있는 능력이 필요하다. 이 활동에서는 표면적으로는 동일해 보이는 정보라 하더라도 구조적으로는 다른 정보일 수 있다는 사실을 알아야 한다.

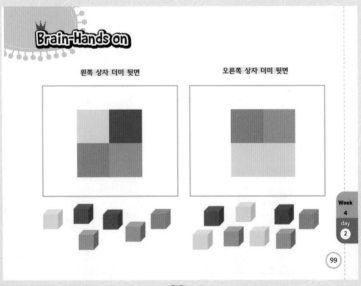

정답

문제 4

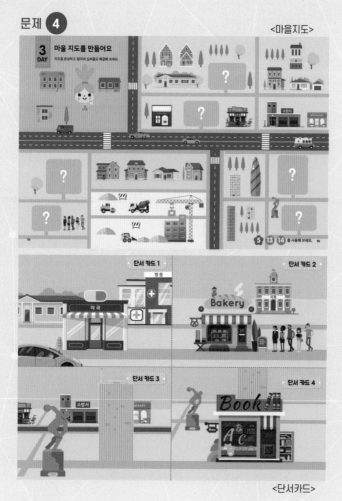

<마을지도>

<단서카드>

건물 스티커를 ? 자리에 맞게 붙이세요

<건물 스티커>

출처: CogLog, Vol. 1: Lines are everywhere, Level 3, p.55

이 활동에서 아이들은 여섯 개의 건물이 빠져 있는 한 장의 지도와 이 건물이 무엇인지 추론할 수 있는 네 장의 단서 카드를 받게 된다.

지도에서 건물의 위치는 위에서 내려다 본 방향을 기준으로 하는데, 단서 카드는 정면에서 본 모습으로 제시되기 때문에, 아이들은 앞에서 본 모습이 담겨있는 정보를 위에서 내려다본 위치로 전환시켜야 정답을 찾을 수 있다.

이 활동은 두 가지 방식으로 아이들의 논리 추론력의 향상을 자극한다. 첫째는 부분적인 단서를 이용해 전체를 파악할 수 있도록 유도함으로써 지식을 재구조화하는 능력을 키워주며, 둘째는 방향에 따라 변화되는 정보를 다각적으로 해석하는 과정을 통해 논리적으로 추론하는 능력이 향상될 수 있는 경험을 제공한다.

정답

생각
노트

Part 2
지능 높이기

MBC에서 방영 중인 TV프로그램 '공부가 머니'에서 제작진은 S.E.S 출신 유진의 딸 로희가 지능 검사를 받게 하였다. 여기서 로희가 상위 3% 수준의 IQ 127을 받아 화제가 된 지능 검사는 '웩슬러 유아 지능 검사WPPSI'로 7세 이하 미취학 아동의 지능 지수를 파악하기 위한 도구이다.

그럼 제작진은 왜 로희에게 지능 검사를 하게 했을까?

지능 지수가 학업 성취도를 예측하는 가장 중요한 지표이기 때문이다. '공부가 머니'가 에듀 버라이어티 프로그램이기에 학업 성취도를 예측하는 과정이 꼭 필요했을 것이다.

영국의 일부 주요 사립 학교들은 초등학교부터 고등학교까지 매년 IQ 테스트의 일종인 인지 능력 검사를 실시한다. 그 이유는 학업 성취도를 높이기 위해서이다.

영국 이튼 컬리지 (Eton College)

그렇다면 로희는 나중에 학교에서 IQ 127이 예측하는 학업 성취를 보일 수 있을까?

지능 지수에 유전적 특성이 관여한다는 것은 어느 정도 사실일 것이다. 유전의 역할을 중시하는 사람들이 강조하는 유전자형*Genotype은 분명 존재한다. 하지만 유전자형Genotype을 가지고 있다고 해서 그것이 반드시 발현되는 것은 아니다.

　　성취의 발현은 교육과 연습 등의 습관을 통해 결정된다는 표현형*Phenotype의 교육 철학을 우리는 진지하게 생각해 보아야 할 것이다.

각주 |

유전자형 생물이 가지고 있는 특정한 유전자의 조합
표현형 겉으로 드러나는 여러 가지 특성.신체적,행동적 특징.

"사람은 천재로 태어나는 것이 아니라 천재가 된다."

- 시몬 드보부아르

"One is not born a genius, one becomes a genius."

- Simone De Beauvoir

1. 적기 조기 교육

성인의 뇌도 꾸준히 발전할 수 있다. 하지만 성인의 뇌가 발전하는 속도는 어린 아이들의 뇌 발전 속도와 비교가 되지 않는다. 그만큼 가소성이 높은 어린 시절이 뇌가 발전하기에 가장 효과적인 시기인 것이다.

2개 이상의 언어를 구사하는 사람들은 뉴런을 연결하는 신경 세포들이 집중적으로 모여 있는 회백질이 1개의 언어만을 구사하는 사람보다 특정 뇌 부위에 더 많이 분포되어 있다. 어린 나이에 외국어를 배울수록 언어 능력을 관장하는 뇌 부위의 회백질이 많아진다는 것이 과학적으로 입증된 사실이다.

어린 시절 다양한 언어를 배우면 언어 능력을 관장하는 부위의 회백질이 많아질 것이다. 이 상태에서 다시 학습을 하면 회백질이 더 많아지는 선순환 과정을 거치게 된다. 아이가 꾸준하고 의도적인 신중한 연습과 충분한 연습 시간을 갖게 된다면 천재적인 언어 능력 또한 가지게 될 것이다.

연주 훈련이 뇌에 미치는 영향에 대한 연구도 살펴보자.

7세 이전에 음악을 공부한 사람들은 그렇지 않은 사람들보다 뇌량 (뇌의 양쪽 반구를 연결하고 좌우 뇌 사이에 소통 통로의 역할을 하는 신경 세포들이 많은 조직 다발)이 훨씬 크다. 이 외에도 어린 시절 음악을 공부한 사람들은 감각 운동 피질과 같은 다수의 뇌 부위가 보통 사람들보다 훨씬 더 큰 것으로 나타났다.

2007년 샌드라 블레이크슬리, 매슈 블레이크슬리는 그들의 저서 〈The Body Has A Mind Of Its Own〉에서 '신체 지도Body Map'란 개념을 발표했다. 우리의 몸과 내장 기관, 그리고 신체의 주변 공간까지 모든 것이 뇌 속에 부호로 지도화되어 있다는 것이다. 또한 몸이 뇌의 단순한 매개체가 아니라 뇌와 서로 완벽하게 상호 작용하는 관계라는 것이다.

특히 어린 시절 뇌 발달과 신체 발달은 성인보다 더욱 밀접히 연결되어 있다.

제4차 산업 혁명 시대에 접어들며 적기 조기 교육의 필요성은 더욱 커지고 있다. 현실적으로도 세계적인 천재급의 성과물을 내는 전문가가 되기 위해서는 1~2만 시간에 달하는 의도적이고 신중한 훈련이 필요한데, 어린 시절부터 쌓아 나가지 않는다면 임계치에 도달하기 매우 어렵기 때문이다.

2. 플린 이펙트

정말 우리 자녀들의 지능이 발달할 수 있을까? 정말 우리 자녀들의 지능 지수IQ가 증가할 수 있을까?

이 두 질문은 동일한 또는 아주 유사한 질문 같으나, 인지 학자들에게는 그 의미가 많이 다른 질문이다.

또 다른 질문을 던져 보자.

로마 시대의 사람들과 현대인의 지능은 어떨까? 로마 시대의 사람들과 현대인의 지능 지수는 어떻게 다를까?

1984년 뉴질랜드 심리학자 제임스 플린James Flynn이 발표한 플린 이펙트Flynn effect가 이 질문에 대한 가이드를 제시할 수 있을 것이다.

플린 이펙트는 '세대가 변함에 따라 지능 지수IQ가 증가하는 현상'을 뜻한다. 즉 동일 연령대 피검자들의 '평균적인 원점수raw score'를 보통 100점으로 볼 때, '중간 수준에 대한 기준'을 제공한 평균적인 원점수가 과거보다 점점 높아지는 현상이다.

쉽게 설명하면 현세대 지능 지수를 100이라 기준을 잡으면, 우리 윗 세대는 82, 아이들은 108, 손자는 118이 평균적인 원점수가 된다는 것이다.

제임스 플린
출처 europeanscientist.com

제임스 플린은 제1차 세계 대전 그리고 제2차 세계 대전을 지나면서 미국의 신병 지원자들의 지능 검사 점수가 크게 오른 사실을 미국 전국적인 표본에서 처음으로 발견했다. 이후 수많은 선진국과 개발 도상국을 대상으로 IQ 검사를 확대 실시했는데 모두 비슷한 결과를 얻었다.

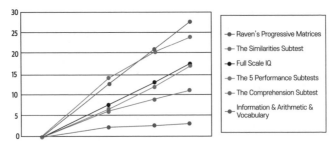

- Raven's Progressive Matrices
- The Similarities Subtest
- Full Scale IQ
- The 5 Performance Subtests
- The Comprehension Subtest
- Information & Arithmetic & Vocabulary

1947년~2002년까지 지속되는 미국 IQ 증가세

위 그림에서처럼, 미국 내 1947년부터 2002년까지 다양한 IQ 검사 결과 전반적인 우상향 그래프가 그려지고 있다. 그 중에서도 가장 많이 상승한 부분은 아래 레이븐 검사 문항의 예시처럼 '추상적인 문제를 해결하는 지능'이었다.

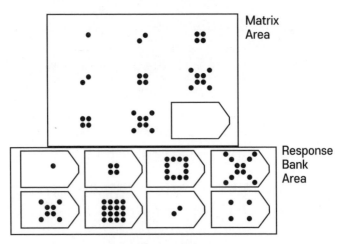

Matrix Area

Response Bank Area

레이븐 검사 문항

이러한 영역의 IQ의 증가는 현대인이 과거보다 머리가 더 좋아졌다는 의미는 아니다. 과학적 풍조의 확대에 따라, 개념을 범주화하고 추상적인 규칙을 인식하는 능력이 실질적으로 향상되었기 때문에 과거보다 현재의 평균 점수가 높게 측정된 것이다.

이는 예전보다 훨씬 더 많은 정신적 활동을 요구하는 현대 사회의 시대상을 반영하는 것이다. 그 외에도, 공교육 및 사교육의 확대, 영양 섭취에 따른 두뇌 건강 제고, 시각적 정보 증가 등을 전반적인 IQ 증가의 요인으로 보기도 한다.

결론적으로, 플린 이펙트는 인간은 엄청난 잠재력을 가지고 있으며, 인지 역량 잠재력 역시 그렇다는 것을 보여준다. 그리고 인간의 인지 역량 잠재력은 환경에 의해 충분히 계발될 수 있다는 것을 말해 주고 있다.

즉 우리 자녀들의 지능은 적절한 교육과 생활 환경을 통해 충분히 발전할 수 있는 것이다.

3. g펙터 올려라

좋은 교육과 생활 습관을 통해서 우리 아이의 지능이 향상될 수 있다는 것과, 이를 위해 적절한 조기 교육이 필요하다는 사실을 살펴보았다.

그렇다면, 유아 및 아동 시기에 꼭 필요한 핵심 교육은 무엇일까?

IQ가 높은 학생이 높은 학업 성취도를 보이는 것은, 그들의 습득 속도와 뛰어난 문제 해결력 때문일 것이다. 여기에 '무릇 있는 자는 받아 풍족하게 되고, 없는 자는 그 있는 것까지 빼앗기리라' 라는 마태복음(25장 29절)에서 따온 사회, 경제적 현상인 '마태 효과Matthew effect'가 더해진다.

'마태 효과'는 IQ가 높은 학생들이 초반에 공부를 잘하게 되고, 이로 인해 주변으로부터 칭찬과 격려를 받게 되며,이것은 자신감과 연결되어 공부를 더 잘하게 된다는 '부익부 또는 빈익빈' 효과를 말한다.

처음에는 IQ의 작은 차이였지만 일련의 반복된 과정을 통해 결국 큰 차이가 된다는 것이다.

그렇다면, 자녀들이 마태 효과를 누리게 하려면 어떤 교육을 해야 할까?

'천재성과 지능 지수IQ의 진실' 챕터에서 보았듯이 인간의 지능은 전체적으로 g펙터에 영향을 받고 g펙터는 수과학 수준 높은 독해 등의 과목에 크게 영향을 주는 유동성 지능과 국어, 영어 등 언어 과목과 사회적 상식에 영향 받는 사회 계열 과목, 일상 생활에 활용하는 산술 계산 등에 영향을 주는 결정성 지능으로 구성된다.

유동성 지능과 결정성 지능이 학업 성취도에 영향 주는 과목

그러므로 g펙터를 올리면 자녀들의 지능과 과목의 학업 성취도가 자연스럽게 올라갈 것이다. g펙터를 올리는 방법은 다양하다. 그 중에서 앤더스 에릭슨 박사가 제시한 '의도된 신중한 연습'에 익숙하길 바란다.

g펙터 중 결정성 지능은 경험과 교육에 의해서 향상될 수 있다고 보지만, 유동성 지능은 향상되기 어렵다고 보는 학자들이 많다. 그러나 유동성 지능이 깊고 논리적으로 생각하는 원천적 힘을 길러주는 것이라고 볼 때, 체계화된 교육과 연습을 통해 충분히 향상이 가능하다.

I'm possible

"거의 모든 사람들이 천재로 태어나서 바보로 묻힌다."

- 찰스 부코프스키

"Almost everyone is born a genius and buried an idiot."

- Charles Bukowski

4. 만족 지연, 성장 마인드, 플로어 이펙트

g펙터를 올릴 수 있는 가장 전통적인 방법은 책을 많이 읽는 것이다. 독서를 통해 다양한 탐색 활동을 경험하고 풍부한 어휘를 사용한 수준 높은 생각과 경험을 접할 때 g펙터는 더욱 올라간다.

그럼 g펙터를 올릴 수 있는 원동력은 무엇일까?

그것은 바로 만족 지연 능력인 자기 통제력self-control과 성장 마인드셋growth mindset과 같은 비인지 역량competence이다.

만족 지연 능력은 지금 하고 있는 일이 매우 재미있지만 언제든지 그만할 수 있는 능력, 현재 매우 지루하고 어려운 일을 하지만 기다리고 참을 수 있는 능력을 뜻한다. 성장 마인드셋은 노력이 재능이나 지능을 향상시킬 수 있다는 심신의 태도를 말한다.

〈성격과 평가Personality and Assessment〉(1968), 〈성격개론 Introduction to Personality〉(1971) 등의 200여 편의 저서를 집필하였고, 콜롬비아 대학교 교수였던 월터 미쉘Walter Mischel은 1960년대부터 만족 지연에 대한 연구를 진행했다. 그리고 2014년에 그 유명한 〈마시멜로우 테스트The Marshmallow Test〉를 발표했다.

우리에게도 〈마시멜로우 이야기〉라는 책으로 매우 잘 알려진 이 실험은 미취학 아동들을 대상으로 진행된 실험이었다. 빈 방에 아이들이 좋아하는 마시멜로우를 하나 놓고 아이들을 불러 당장 눈앞에 있는 하나의 마시멜로우를 먹을지, 실험 진행자가 돌아올 때까지 기다려서 두 개의 마시멜로우를 먹을지 선택하도록 하는 것이었다.

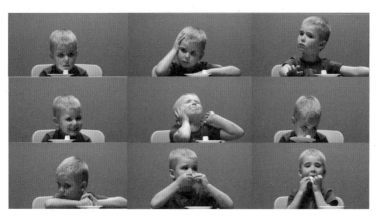

마시멜로우 테스트(marshmallow experiment)
출처 spsptalks.wordpress.com

이 실험 결과 현재의 만족을 중시하거나 혹은 달콤한 유혹을 이기지 못해 마시멜로우 한 개를 선택한 아이들보다, 더 나은 보상인 마시멜로우 두 개를 얻기 위해 스스로 만족을 지연할 수 있었던 아이들이 10대가 되었을 때 학교 성적과 SAT 점수가 훨씬 더 높았다는 것을 알 수 있었다. 더 나아가 마시멜로우 두 개를 얻기 위해 자기 만족을 지연시켰던 아이들은 성인이 된 후에도 대인 관계, 학업 능력, 건강 관리 등 여러면에서 다른 그룹에 비해 월등한 성과를 나타냈다.

스탠포드 대학교 교수인 캐럴드윅Carol Dweck은 〈Mindset : Fixed and Growth Mindset〉으로 세계적인 명성을 얻고 있는 발달 심리학자이다. 그녀가 진행했던 '사고 태도Mindset' 실험 중 하나를 소개하겠다.

그녀는 아이들에게 g펙터를 검사하는 레이번 누진 행렬 검사 과제를 풀게 한 뒤, 한 그룹에게는 결과에 대해서 IQ가 높다고 칭찬을 했고, 다른 그룹에게는 결과와 상관 없이 문제를 풀기 위해 열심히 노력한 것을 칭찬했다.

과연 다음 테스트에서 어떤 그룹이 더 어려운 문제를 푸는 것에 도전했을까?

IQ가 높다고 칭찬 받은 그룹은 다음 테스트에서는 쉬운 문제를 선택했고, 노력을 칭찬 받은 그룹은 오히려 어려운 문제를 선택했다.

노력을 칭찬 받은 그룹이 앤더스 에릭슨 박사가 제시한 자신의 안락 지대Comfort zone를 벗어난 문제를 선택한 것이다. 더 어려운 도전을 선택한 아이들이 내부적으로 '성장 마인드 Growth Mindset'를 가지고 있는 것이다.

캐럴 드웩의 〈마인드셋〉에 보면 이런 글이 나온다.

'에디슨은 '천재'였어요. 하지만 항상 천재였던 것은 아닙니다. 그저 당대의 평범하고 일반적인 소년이었다고 생각합니다. 다만 그가 남들과 달랐던 점은 마인드셋과 추진력이었습니다. 그는 항상 호기심에 가득 차 있었고 이것저것 건드리며 새로운 도전을 추구하는 소년이었던 것이죠.'

성장 마인드를 가진 아이들은 새로운 도전을 하게 된다. 그리고 새로운 난관을 만나게 될 것이고 이를 해결해 나가면서 그들의 지능과 재능은 더욱 발달한다.이런 과정들은 성과로 연결된다.

일반적으로 가정이나 교육 기관에서는 아이들이 큰 노력을 하지 않고도 이해할 수 있는 내용들을 가르친다. 이것을 천장 효과Ceiling Effect라고 한다. 하지만 영재 교육은 아이들이 많은 노력을 해야 문제를 풀고 이해할 수 있는 바닥 효과Floor Effect방식을 추구한다.

21세기는 아이들 중심의 교육이 이루어져야 한다. 끊임없이 방출되는 엄청난 양의 지식을 모두 소유할 수는 없는 현대 사회의 특성상, 배우는 것보다 스스로 알아 나가는 능력이 절실히 필요하기 때문이다. 또한 혼자서는 할 수 없기에 팀워크team work가 더욱 중요해지고 있다.

어려운 과제를 팀워크로 해결해 나가고 그 과제가 익숙해지면 더 어려운 과제에 도전하는 능력이 21세기에 필요한 핵심 역량이다. 그러므로 아이들이 성장 마인드셋을 갖는다는 것은 매우 중요한 일이다.

비인지 역량은 자신의 재능과 지능을 높이는 원동력이다. 그리고 자기 통제력과 성장 마인드셋과 같은 비인지 역량은 타고 나는 것이 아니라 노력과 교육과 환경으로 만들어진다는 사실을 명심하자.

생각
노트

| **EPILOGUE** |

콜맨 보고서는 존스 홉킨스 대학 교수이자 저명한 사회 과학자인 제임스 콜맨James Samuel Coleman 교수가 1964년부터 4000여 개 학교 625,000명의 학생을 대상으로 '학교 교육이 학생들의 학업 성취도에 미치는 영향'을 연구한 1300페이지에 달하는 보고서입니다.

콜맨 보고서가 발표되기 전까지, 사람들은 학교가 보편적이고 합리적인 사회적 교육 기관이라고 생각했습니다. 학교의 명성과 시설에 따라 성적이 달라지고 나아가 사회적 지위가 결정되는 것이 당연하다고 인식했습니다. 따라서 학교의 수준이 개인의 능력과 사회적 지위도 결정한다고 생각했기 때문에 학교 교육의 불평등을 막기 위해 미국의 교육계는 많은 노력을 기울였습니다.

그러나 1966년 미국 국회와 대통령에게 보고된 콜맨 보고서의 연구 결과는 좋은 학교가 아이들의 인지 능력을 향상시킨다는 사회적 통념과 믿음을 깨뜨렸습니다. 콜맨 보고서는 아이들의 학업 성취에 영향을 미치는 결정적인 요소는 학교가 아닌, 가정과 학부모가 70% 이상이라는 결과를 수치로 보여 주었습니다. 학업 성취는 학교의 수준이 결정하는 것이 아니라 부모의 양육 방법과 사회적 문화적 자본 그리고 가정환경이 결정적인 역할을 한다는 것입니다.

다시 말해 학업 중심의 학교 교육이 학생들의 학업 성취에 그리 큰 영향을 끼치지 못했다는 충격적인 내용입니다. 그 후에 지속된 연구와 100여 편의 후속 논문이 콜맨 보고서의 결과를 재확인합니다. 이는 학교의 역할에 대한 새로운 시각도 제시하였습니다.

21세기 인재 양성은 가정에서 시작된다는 것을
콜맨 보고서를 통해 알 수 있었습니다.

참고문헌

김성원(2009). 이웃과 함께 짓는 흙부대 집. 파주 :들녘.

송성수(2011). 위대한 여성 과학자들. 파주: 살림출판사

이병언(2010). 고교생이 알아야 할 생물 스페셜. 남양주: (주)신원문화사.

이주헌(2003). 서양화 자신 있게 보기 1. 서울: 학고재.

임웅(2008). 유아창의성 향상을 위한 커리큘럼 개발에 대한 연구. 한국유아교육학회 2008년 정기학술대회 발표논문. 서울.

임웅(2014). 새롭지 않은 새로움에게 새로움의 길을 묻다. 서울: ㈜학지사.

Adams, J. L. (2001). Conceptual blockbusting: *A guide to better ideas*. New York: Basic Books.

Avery, O. t., Macleod, C. M., & McCarty, M. (1994). Studies on the Chemical Nature of the Substance Inducing Transformation of Pneumococcal Types: Induction of Transformation by a Desoxyribonucleic Acid Fraction Isolated from Pneumococcus Type III. *The Journal of Experimental Medicine*, 79(2), 137-158

Barron, F. (1988). Putting creativity to work. In R. J. Sternberg (Ed.), *The nature of creativity: Contemporary psychological perspectives* (pp. 76-98). New York: Cambridge University Press.

Birch, H. (1945). The relation of previous experience to insightful problem-solving. *Journal of Comparative Psychology, 38*, 367-383.

Candolle, A. de. (1873). *histoire des sciences et des savants depuis deux siècles*. Geneva, Switzerland: Georg.

Chase, W. G., & Simon, H. A. (1973). Perception in chess. *Cognitive psychology, 4,* 55-81.

Chi, M. T. H., Feltovich, P., & Glaser, R. (1981). Categorization and representation of physics problems by experts and novices. *Cognitive Science, 3,* 121-152.

Chipp, H. B. (1988). *Picasso's "Guernica": History, transformations, meanings. Berkeley:* University of California Press.

Cox, C. M. (1926). *The early mental traits of three hundred geniuses. Stanford,* CA: Stanford University Press.

Csikszentmihalyi, M. (1999). Creativity. In R. A. Wilson & F. C. Keil (Eds.), *The MIT encyclopedia of the cognitive sciences* (pp. 205-206). Cambridge, MA: MIT Press.

Csikszentmihalyi, M. (2000). Creativity: An overview. In A. E. Kazdin (Ed.), *encyclopedia of psychology* (Vol. 2, pp. 342). Washington, DC: American Psychological Association.

David, E. (2013). *The Sports Gene: Inside the Science of Extraordinary Athletic Performance.* New York: the Penguin Group.

David, S. (2010). *The Genius in All of Us- New Insights into Genetics, Talent, and IQ.* New York: Doubleday.

de Candolle, A. (1873)*Histoire des sciences et des savants depuis deux siècles.* Geneva, Switzerland: Georg.

de Groot, A. (1965). *Thought and choice in chess.* The Hague: Mouton.

Ericsson, K. A. (1999). Creative expertise as superior reproducible performance: Innovative and flexible aspects of expert performance. *Psychological Inquiry,* 10, 329-333.

Ericsson, K. A., & Robert P. (2016). *Peak: Secrets from the New Science of Expertise.* New York: Eamon Dolan Book.

Ericsson, K. A., & Smith, J. (Eds.). (1991). *Toward a general theory of expertise: Prospects and limits*. Cambridge: Cambridge University Press.

Ericsson, K. A., Krampe, R. T., &Tesch-Römer, C. (1993). *The role of deliberate practice in the acquisition of expert performance. Psychological review,* 100, 363-406.

Evans, J., &Over, D. (1996). *Rationality and Reasoning*. Hove, UK: Psychology Press.

Finke, R. A., Ward, T. B., & Smith, S. M. (1992). *Creative cognition: Theory, research, and applications*. Cambridge, MA: MIT press.

Frensch, P. A., & Sternberg, R. J. (1989). Expertise and intelligent thinking: When is it worse to know better? In R. J. Sternberg (Ed.), *Advances in the psychology of human intelligence* (Vol. 5, pp. 157-188). Hillside, NJ: Erlbaum.

Fuller, R. B. (1963). *Operating manual for spaceship earth*. New York: E.P. Dutton & Co.

Galton, F. (1869). *Hereditary genius: An inquiry into its laws and consequences.* London: Macmillan.

Gardner, H. (1983). *Frames of mind: The theory of multiple intelligences.* New York: Basic Books.

Gerring, R. J. & Zimbardo, P. G. (2004). *Psychology and life.* Boston: Allyn & Bacon.

Getzels, J. W., & Jackson, P. W. (1962). *Creativity and intelligence: Explorations with gifted children.* New Brunswick, NJ: Transaction Books.

Gibson, J., & Light, F. (1967). Intelligence among university students. Nature, 213, 441-442.

Glaser, R., & Chi, M. T. H. (1988). Overview. In M. T. H. Chi, R. Glaser, & M. J. Farr (Eds.), *The nature of expertise.* Hillsdale, N.J: Lawrence Erlbaum Associates.

Gruber, H. E. (1974). *Darwin on man: A psychological study of scientific creativity.* New York: Dutton.

Gruber, H. E., & Davis, S. N. (1988). Inching our way up Mt. Olympus: The evolving-systems approach to creative thinking. In R. J. Sternberg (Ed.), *The nature of creativity* (pp. 243-270). New York: Cambridge University Press.

Hayes, J. R. (1981). *The complete problem solver.* Philadelphia: Franklin Institute Press.

Hayes, J. R. (1989). Cognitive processes in creativity. In J. A. Glover, R. R. Ronning, & C. R. Reynolds (Eds.), *Handbook of Creativity* (pp. 135-145). New York: Plenum Press.

Howe, M. J. A. (1999). *Handbook of Creativity.* New York: Cambridge University.

Howe, M. J. A., Davidson, J. W., & Sloboda, J. A. (1998). Innate Talents: Reality Or Myth? *Behavioral and Train Sciences, 21,* 388-442.

Jackson, P. W., & Messick, S. (1967). The person, the product, and the response: Conceptual problems in the assessment of creativity. In J. Kagan (Ed.), *Creativity and learning* (pp. 1-19). Boston: Houghton Mifflin.

Jansson, D. G., & Smith, S. M. (1991). *Design fixation.* Design Studies 12, 3-11.

Judson, H. F. (1979). *The eighth day of creation: Makers of the revolution in biology.* New York: Simon and Schuster.

Koestler, A. (1964). *The act of creation: A study of the conscious and unconscious in science and art.* New York: Macmillan

Krampe, R. T., & Ericsson, K. A. (1996). Maintaining excellence: deliberate practice and elite performance in young and older pianists. *Journal of Experimental Psychology: General, 125,* 331-359.

Kuzin, V. S. (1999). *Psychology.* Moskow: Agar.

Köhler, W. (1925). *The mentality of apes.* New York: Harcourt, Brace.

Lubart, T. I. (1994). Creativity. In R. J. Sternberg (Ed.), *Thinking and problem solving* (Vol. 2, pp. 290). New York: Academic Press.

MacKinnon, D. W. (1962). The nature and nurture of creative talent. *American psychologist, 17,* 484-495

Martindale, C. (1989). Personality, Situation, and Creativity. In J. A. Glover, R. R. Ronning, & C. R. Reynolds (Eds.), *Handbook of Creativity* (pp.211-232). New York: Plenum Press.

Mayer, R. E. (1999). Fifty years of creativity research. In R. J. Sternberg (Ed.), *Handbook of creativity* (pp. 449-460). New York: Cambridge University Press.

McNemar, Q. (1964). Lost: our intelligence? Why?.*American Psychologist, 19,* 871-882.

Mednick, S. (1962). The associative basis of the creative process. *Psychological Review, 69,* 220-232.

Mey, P. (1995). *Courage to create. A sketch of psychology of creativity.* Ljvov: Iniciativa.

Norman, P. (2004). *Shout!: The True Story of the Beatles.* London: Pan Macmillan.

Ochse, R. (1990). *Before the gates of excellence: The determinants of creative genius.* New York: Cambridge University Press.

Olby, R. (1994). *The path to the double helix: The discovery of DNA.* New York: Dover.

Plucker, J. A., &Beghetto, R. A. (2004). Why creativity is domain general, why it looks domain specific, and why the distinction does not matter. In R. J. Sternberg, E. L. Grigorenko, & J. L. Singer (Eds.), *Creativity: From potential to realization* (pp. 153-167). Washington, DC: American Psychological Association.

Richard E, N. (2009). *Intelligence and how to get it.* New York:W. W. Norton & Company.

Robinson, A. (2010). *Sudden Genius?: The Gradual Path to Creative Breakthroughs.* New York: Oxford University Press.

Roediger Ⅲ, H. L. (1991). Recall as a self-limiting process. *Memory & Cognition, 6,* 54-63.

Runco, M. A. (2000). Creativity: Research on the process of creativity. In A. E. Kazdin (Ed.), *Encyclopedia of psychology* (Vol. 2, pp. 342-346). Washington, DC: American Psychological Association.

Runco, M. A. (Ed.). (1997). *Creativity research handbook* (Vols. 1-3). Cresskill, NJ: Hampton Press.

Simon, H. A. (1947). *Administrative Behavior: A Study of Decision-Making Processes in Administrative Organization.* New York: The Macmillian Company.

Simonton, D. K. (1984). *Genius, creativity, and leadership: Historiometric inquiries.* Cambridge, MA: Harvard University Press.

Simonton, D. K. (2009). *Genius 101.* New York: Springer.

Sloboda, J. A. (1996). The acquisition of musical performance expertise: Deconstructing the "talent" account of individual differences in musical expressivity. In K. A. Ericsson (Ed.), *The road to excellence: The acquisition of expert performance in the arts and sciences, sports, and games* (pp. 107-126). Mahwah, NJ: Erlbaum.

Smith, S. M. (1994). Frustrated feelings of imminent recall: On the tip of the tongue. In J. Metcalfe & A. Simamura (Eds.), *Metacognition: Knowing about knowing* (pp. 27-45). Cambridge, MA: MIT Press.

Smith, S. M. (2003). The constraining effects of initial ideas. In P. Paulus & B. Nijstad (Eds.). *Group Creativity: Innovation Through Collaboration* (pp. 15-31). New York: Oxford University Press.

Smith, S. M., & Blankenship, S. E. (1989). Incubation effects. *Bulletin of the Psychonomic Society, 27,* 311-314.

Smith, S. M., & Vela, E. (1991). Incubated reminiscence effects. *Memory & Cognition, 19,* 168-176.

Smith, S. M., Ward, T. B., & Schumacher, J. S. (1991). *Constraining effects of examples in a creative generation task.* Paper presented at the Texas Cognition Conference, College Station, TX.

Smith, S. M., Ward, T. B., & Schumacher, J. S. (1993). Constraining effects of examples in a creative generation task. *Memory & Cognition, 21,* 837-845.

Smith, S. M., & Tindell, D. R. (1997). Memory blocks in word fragment completion caused by involuntary retrieval of orthographically similar primes. *Journal of Experimental Psychology: Learning, Memory and Cognition, 23,* 355-370.

Squire, L. R. (1986). Mechanisms of memory. *Science, 232,* 1612-1619.

Starkes, J. L., Deakin, J. M., Allard, F., Hodges, N. J., & Hayes, A. (1996). Deliberate practice in sports: What is it anyway? In K. A. Ericsson (Ed.), *The road to expert performance: Empirical evidence from the arts and sciences, sports, and games* (pp. 81-106). Mahwah, NJ: Erlbaum.

Sternberg, R. J. (2003). *Cognitive psychology* (3rd ed.). Belmont, CA: Wadsworth.

Sternberg, R. J., &Lubart, T. I. (1996). Investing in creativity. *American Psychologist, 51,* 677-688.

Sternberg, R. J., &O'hara, L. A. (2000). Intelligence and creativity. In R. J. Sternberg (Ed.), *Handbook of intelligence* (pp. 609-628). New York: Cambridge University Press.

Sternberg, R. J., Grigorenko, E. L..& Singer, J. L. (Eds.). (2004). *Creativity from potential to realization.* Washington, DC: American Psychological Association.

Terman, L. M. (1925). *Genetic studies of genius: Vol. I , Mental and physical traits of a thousand gifted children.* Stanford, CA: Stanford University Press.

Vernon, P. E. (1989). The nature-nurture problem in creativity. In J. A. Glover, R. R. Ronning, & C. R. Reynolds (Eds.), *Handbook of Creativity* (pp. 93-110). New York: Plenum Press.

Wallach, M. A. (1971). *The intelligence/creativity distinction.* Morristown, NJ: General Learning Press.

Wallach, M. A., & Kogan, N. (1965a). *Modes of thinking in young children.* New York: Holt, Rinehart & Winston.

Wallach, M. A., & Kogan, N. (1965b). A new look at the creativity-intelligence distinction. *Journal of Personality, 33,* 348-369.

Ward, T. B. (1991). *Structured imagination: The role of conceptual structure in exemplar generation.* Paper presented at the meeting of the Psychonomic Society, San Francisco.

Watson, J. D. (1968). *The double helix; A personal account of the discovery of the structure of DNA.* New York: New American Library.

Weisberg, R. W. (1993). *Creativity: Beyond the myth of genius.* New York: Freeman.

Weisberg, R. W. (1999). Creativity and Knowledge: A Challenge to Theories. In R. J. Sternberg (Ed.), *Handbook of creativity* (pp. 226-250). New York: Cambridge University Press.

Weisberg, R. W. (1999). Creativity and Knowledge: A Challenge to Theories. In R. J. Sternberg (Ed.), *Handbook of creativity* (pp. 226-250). New York: Cambridge University Press.

Weisberg, R. W. (2006). *Creativity: Understanding innovation in problem solving, science, invention, and the arts.* Hoboken, NJ: John Wiley.

Zimbardo, P. G., &Gerrig, R. J. (2002). *Psychology and Life.* Boston: Allyn & Bacon.

Zuckerman, H. (1977). *Scientific elite: Nobel laureates in the United States.* NJ: Transaction Publishers.

타고난 천재
교육된 천재

The Insanely Great Story ;
Intelligence, Education, Assessment

초판 1쇄 발행 2020년 10월 16일

지은이 최창욱, 유민종
펴낸이 최창욱
펴낸곳 (주)러닝앤코
등록번호 415-81-56971
등록일자 2016년 08월 11일

주소 서울시 구로구 디지털로 33길 48 대륭포스터타워 7차 805호
전화 02) 2695-0512
팩스 02) 2693-0512